Maîtriser votre

JALOUSIE

Windy Dryden

Maîtriser votre
JALOUSIE

 **Broquet**

97-B, Montée des Bouleaux, Saint-Constant, Qc, Canada J5A 1A9
Tél.: 450-638-3338 Fax: 450-638-4338 Internet: www.broquet.qc.ca
Courriel: info@broquet.qc.ca

Catalogage avant publication de Bibliothèque et Archives Canada

Dryden, Windy

  Maîtriser votre jalousie

  (Guide de survie)

  Traduction de: Overcoming Jealousy.

  Comprend un index.

  ISBN 978-2-89000-850-2

  1. Jalousie. 2. Envie. I. Titre. II. Collection: Guide de survie (Saint-Constant, Québec).

BF575.J4D7914 2007   152.4'8   C2007-940047-7

POUR L'AIDE À LA RÉALISATION DE SON PROGRAMME ÉDITORIAL, L'ÉDITEUR REMERCIE:

Le Gouvernement du Canada par l'entremise du Programme d'Aide au Développement de l'Industrie de l'Édition (PADIÉ); La Société de Développement des Entreprises Culturelles (SODEC); L'Association pour l'Exportation du Livre Canadien (AELC). Le Gouvernement du Québec - Programme de crédit d'impôt pour l'édition de livres - Gestion SODEC.

Titre original: Overcoming Jealousy.
Fist published in Great Britain in 1998
Copyright © Dr Windy Dryden 1998
Publié par Sheldon Press
36 Causton Street
London SW1P 4ST

Traduction: Sylvie Abran
Révision: Jean-Lou Mallette, Diane Martin
Direction artistique: Brigit Levesque
Infographie: Sandra Martel, Émilie Rainville

Pour l'édition en langue française:
Copyright © Ottawa 2007
Broquet Inc.
Dépôt légal — Bibliothèque nationale du Québec
1ᵉ trimestre 2007

ISBN: 978-2-89000-850-2
Imprimé au Canada

TABLE DES MATIÈRES

CHAPITRE

1

La structure de l'ABC

Dans deux de mes précédents livres imprimés par la *Sheldon Press*, j'ai souligné une différence importante entre les émotions négatives saines et les émotions négatives malsaines. Vous avez bien lu : j'ai vraiment utilisé les termes « émotions négatives saines ». Quelques émotions négatives sont réellement saines. Que vous affrontiez ou pensiez affronter une épreuve, il n'est pas sain de bien vous sentir face à cette épreuve, ni d'y être indifférent. Il est même plutôt sain de vous sentir mal à l'aise. Ce sentiment est bénéfique, puisqu'il vous permet d'y voir plus clair, de modifier cette épreuve si cela est possible ou de vous y adapter de manière constructive lorsque vous ne pouvez rien y faire. Par contre, si vous êtes maladivement inquiet à propos d'un événement, cela vous empêche d'y réfléchir clairement, vous êtes moins enclin à le modifier de manière constructive, et, s'il ne peut être modifié, votre adaptation est difficile.

Dans ce livre, je mentionnerai deux formes différentes de jalousie. Bien que le problème soit terminologique et que ces termes ne soient pas les meilleurs pour bien décrire chaque forme de jalousie, j'utiliserai les termes « saine jalousie » et « jalousie maladive » tout au long de cet ouvrage.

Il existe aussi une troisième forme de jalousie – que l'on nomme «jalousie morbide» – mais elle dépasse les limites de ce livre. En fait, la personne qui éprouve un tel sentiment requiert une aide psychiatrique. La principale caractéristique de cette forme de jalousie est sa nature délirante et obsessive. Elle prend le contrôle de votre vie et vous prive de toute paix. Vous êtes convaincu que votre partenaire s'intéresse constamment à une autre personne du même sexe que vous et vous êtes persuadé de détenir des preuves tangibles soutenant vos affirmations. Vous ne pouvez penser à autre chose, et cela domine littéralement vos pensées ainsi que vos rêves. Si vous croyez être victime de jalousie morbide, consultez votre médecin le plus rapidement possible.

La structure de l'ABC

La méthode de *counselling* que je pratique est connue sous le nom de «psychothérapie comportementale émotive rationnelle» (PCER). Elle a été instaurée en 1955 par Albert Ellis, un psychologue clinicien dont les écrits volumineux ont rendu la PCER notoire et populaire au court des quelque quarante dernières années. La PCER possède la structure simple de l'ABC, que je vais maintenant approfondir. Vous serez en mesure d'utiliser cette structure pour comprendre vos expériences en matière de jalousie maladive et, dans le futur, pour modifier ces sentiments perturbés.

A

Dans la structure de l'ABC, le A représente un événement déclencheur (*Activating*). Cet événement représente le début d'un épisode émotionnel, dans le cas présent, la jalousie. Par contre, le A peut aussi représenter un événement réel ou une inférence. C'est là une distinction importante que vous devez bien saisir si vous voulez comprendre la jalousie et, plus particulièrement, la différence entre saine jalousie et jalousie maladive.

Définissons d'abord l'inférence. Une inférence est une intuition qui dépasse l'information dont vous disposez à propos d'un fait réel. À ce titre, l'inférence peut s'avérer exacte ou inexacte. Vous ne pouvez en être certain avant d'avoir obtenu toute l'information nécessaire. Souvent, vous ne pouvez obtenir cette information pour pouvoir déterminer avec certitude si une inférence est exacte ou non et, dans ce cas, vous devez vous fier à ce que vous pensez être le cas plutôt qu'à ce qui est vraiment le cas.

Voici quelques exemples de différences entre des événements réels et des inférences. Dans cet exercice, je décris deux cas: une personne qui accepte une inférence comme un fait probablement réel, et une autre personne qui accepte un fait qui n'est probablement pas réel.

Terry et Gina, un jeune couple marié, participent à une fête, et Terry part chercher un verre pour Gina. À son retour, Gina est en train de discuter avec un autre homme et rit d'une de ses blagues. Terry le remarque et se dit (ou infère) que Gina rit d'une blague de cet homme, et il n'en pense rien de plus.

Simon et Thérèse, qui sont aussi de jeunes mariés, font partie de la fête, et la même chose se produit. Simon part chercher un verre pour Thérèse, et, à son retour, Thérèse est en train de discuter avec un autre homme et rit d'une de ses blagues. Simon le remarque et pense que Thérèse est intéressée par cet autre homme. Le fait que Simon pense que Thérèse s'intéresse à cet homme est une inférence qui va au-delà de l'information que possède Simon. L'inférence de Simon est-elle exacte ou non? Si l'ont se base seulement sur l'information dont dispose à Simon, cette inférence est probablement fausse parce qu'en fait, tout ce que Simon sait est que Thérèse rit avec cet homme. Mais supposons qu'il soit arrivé plusieurs fois que Thérèse parte avec un autre homme lors d'une fête et qu'elle ait souvent commencé par rire de ses blagues. Dans ce cas, l'inférence de Simon est probablement exacte parce qu'elle est basée sur les comportements antérieurs de Thérèse. Par contre, si Thérèse n'a pas d'antécédents de ce genre, alors l'inférence de Simon, selon laquelle Thérèse pourrait partir avec cet homme en particulier, est probablement fausse.

Comme je le démontrerai plus loin, lorsque vous éprouvez de la jalousie maladive, vous avez tendance à déduire que votre partenaire s'intéresse à une autre personne même en l'absence de preuve tangible. En plus, vous traitez ces inférences comme des faits incontestables et vous faussez souvent l'information pour qu'elle concorde avec ces «faits». Les raisons de ce comportement deviendront bientôt apparentes.

B

Dans la structure de l'ABC, le B représente les croyances (*Beliefs*). La théorie de la psychothérapie comportementale émotive rationnelle établit une distinction entre deux types de croyances: rationnelles et irrationnelles. Les croyances rationnelles possèdent cinq caractéristiques principales:

1 Elles sont souples et non extrêmes ;

2 Elles sont favorables à la santé mentale ;

3 Elles sont utiles à une personne s'efforçant d'atteindre ses buts ;

4 Elles sont réalistes ou vraies ;

5 Elles sont logiques ou sensées.

La théorie de la PCER fait valoir l'existence de quatre formes de croyances rationnelles importantes, qui sont :

1 Les préférences totales (ex. : « Je veux que mon partenaire ne s'intéresse qu'à moi, mais il n'est pas essentiel qu'il en soit ainsi ») ;

2 Les croyances qui nous évitent d'aggraver les faits (ex. : « Il serait fâcheux que mon partenaire s'intéresse à quelqu'un d'autre, mais ce ne serait pas la fin du monde ») ;

3 Les croyances qui réduisent notre tolérance à la frustration (ex. : « Il me serait difficile de tolérer que mon partenaire s'intéresse à quelqu'un d'autre, mais je pourrais le supporter ») ;

4 L'acceptation, dont il existe deux formes : l'acceptation de soi (ex. : « Si mon partenaire s'intéresse à quelqu'un

d'autre, je ne pense pas nécessairement en être moins digne. Mon mérite est constant. Il ne varie pas selon que mon partenaire s'intéresse ou non à quelqu'un d'autre ») et l'acceptation des autres (ex. : « Si mon partenaire s'intéresse à une autre personne, il n'est pas une mauvaise personne pour autant. Au contraire, il est un être humain faillible qui fait quelque chose que je considère comme mauvais »).

Les pensées irrationnelles possèdent, quant à elles, cinq caractéristiques principales :

1 Elles sont fermes et extrêmes ;

2 Elles sont favorables à la perturbation psychologique ;

3 Elles sont inutiles à une personne s'efforçant d'atteindre ses buts ;

4 Elles sont chimériques ou fausses ;

5 Elles sont illogiques ou absurdes.

La théorie de la PCER fait valoir qu'il existe quatre importantes croyances irrationnelles connues, qui sont:

1 Un impératif ou une demande (ex.: «Mon partenaire ne doit s'intéresser qu'à moi»);

2 Les croyances qui nous permettent d'aggraver les faits (ex.: «Il serait épouvantable que mon partenaire s'intéresse à quelqu'un d'autre»);

3 Les croyances qui réduisent notre tolérance à la frustration (ex.: «Je ne pourrais supporter que mon partenaire s'intéresse à quelqu'un d'autre»);

4 La dévalorisation, dont il existe deux formes: l'autodévalorisation (ex.: «Si mon partenaire s'intéresse à quelqu'un d'autre, cela prouve que j'en suis moins digne») et la dévalorisation des autres (ex.: «Si mon partenaire s'intéresse à une autre personne, cela prouve qu'il est une mauvaise personne»).

C

Dans la structure de l'ABC, le C représente les **C**onséquences des croyances (en B) que nous possédons en ce qui a trait aux événements déclencheurs (en A). Il existe trois formes de conséquences : émotionnelles, comportementales et rationnelles.

Les conséquences émotionnelles

Lorsque vous adoptez une croyance rationnelle à propos d'un événement déclencheur négatif, vous éprouvez alors une émotion négative saine. Ainsi, si vous croyez que votre partenaire s'intéresse à quelqu'un d'autre et que vous préféreriez que cela ne se produise pas, mais que vous ne l'exigez pas, vous ressentez alors une saine jalousie. Par contre, si vous adoptez une croyance irrationnelle concernant un événement déclencheur négatif, vous éprouvez une émotion négative maladive. Ainsi, si vous croyez que votre partenaire s'intéresse à quelqu'un d'autre et que vous exigez que cela ne se produise pas, vous éprouvez de la jalousie maladive.

Les conséquences comportementales

Lorsque vous adoptez une croyance rationnelle à propos d'un événement déclencheur négatif, vous agissez, ou vous pensez agir, d'une manière fonctionnelle (ce qui motive à agir s'appelle une « tendance à l'action »). Ainsi, si vous croyez que votre partenaire s'intéresse à quelqu'un d'autre et que vous préférez que cela ne se produise pas, mais que vous ne l'exigez pas, vous ferez part de vos inquiétudes à votre partenaire, et vous discuterez ensemble du problème d'une manière claire et précise. Cependant, si vous adoptez une croyance irrationnelle à propos d'un événement déclencheur négatif, vous agirez d'une manière dysfonctionnelle ou vous ressentiez le besoin d'agir de cette manière.

Donc, lorsque vous croyez que votre partenaire s'intéresse à quelqu'un d'autre et que vous exigez que cela ne se produise pas, alors vous l'accusez et vous tentez, par exemple, de restreindre ses mouvements.

Les conséquences rationnelles

Lorsque vous adoptez une croyance rationnelle à propos d'un événement déclencheur négatif, votre pensée est alors constructive et réaliste. Ainsi, lorsque vous croyez que votre partenaire s'intéresse à quelqu'un d'autre et que vous préfériez que cela ne se produise pas, mais que vous ne l'exigez pas, vous cherchez alors des preuves qui soutiennent et contredisent à la fois votre hypothèse. Vous êtes en mesure de prendre du recul, d'évaluer toutes ces preuves de manière objective et d'en arriver à une conclusion concordant mieux avec les données disponibles. Si vous en concluez que votre partenaire s'intéresse à une autre personne, alors vous examinez la situation dans un contexte éclairant. Lorsque votre relation avec votre partenaire est fondamentalement bonne, et qu'il ne démontre pas souvent d'intérêt envers d'autres personnes, vous jugez alors que cette menace pour votre relation n'est pas sérieuse. Par contre, lorsque votre relation avec votre partenaire n'est pas très bonne, et qu'il démontre fréquemment de l'intérêt pour d'autres personnes, vous concluez alors, d'une manière réaliste, que cette menace pour votre relation est sérieuse et que votre partenaire peut vous quitter, surtout s'il éprouve un très grand intérêt pour cette autre personne.

D'autre part, lorsque vous adoptez une croyance irrationnelle à propos d'un événement déclencheur négatif, votre pensée n'est ni constructive ni réaliste. Lorsque vous croyez que votre partenaire s'intéresse à une autre personne et que vous demandez que cela ne se produise pas, vous cherchez alors des preuves soutenant votre point de vue et vous éliminez les preuves qui contredisent ce point de vue, en justifiant votre raisonnement. Vous donc pas tendance à prendre du recul et à évaluer toutes les preuves qui sont disponibles. Lorsque vous prenez ce recul et que vous évaluez ces preuves, vous ne le faites pas de manière objective et vous n'arrivez pas à une conclusion concordant le plus possible avec les données que vous possédez. Étant donné votre certitude sans réserve que votre partenaire est intéressé par cette autre personne, vous ne considérez pas cet événement dans un contexte éclairant. Vous avez tendance à penser que votre partenaire vous quittera pour cette autre personne, que vous ayez ou non une bonne relation avec lui et qu'il démontre, ou non un intérêt envers d'autres personnes.

LES CROYANCES INFLUENCENT
LES INFÉRENCES

Jusqu'à maintenant, j'ai présenté la structure de l'ABC comme si ses trois éléments étaient distincts. En réalité, ils ne le sont pas. En fait, les éléments de l'ABC interagissent souvent de manière très complexe. Bien qu'un examen complet des inte-ractions complexes entre les A, les B et les C dépasse les limites de ce livre, j'examinerai une telle interaction parce qu'il est très important de bien comprendre la jalousie, par-ticulièrement la jalousie maladive.

Il est important de saisir que lorsque vous avez une ou plusieurs croyances irrationnelles, surtout si vous les avez adoptées depuis longtemps, vous les ramenez à des évé-nements se rapportant à votre relation avec votre partenaire. Cela signifie que votre croyance irrationnelle vous prédispose particulièrement aux inférences reliées à la jalousie. En voici un exemple.

Jérémy croit que toute personne qu'il a fréquentée se devait d'être intéressée seulement par lui. Si sa petite amie du moment démontrait un intérêt quelconque pour un autre homme, même quand il était évident qu'il s'agissait d'une simple marque de politesse, cela entraînait Jérémy à penser qu'il était inférieur à cette autre personne. Jérémy était beau, et les femmes le considéraient comme charmant; il avait pourtant certains problèmes à se trouver une petite amie. Il avait aussi énormément de problèmes à maintenir une relation. Pourquoi? Parce qu'il appliquait sa croyance irrationnelle à des situations où sa petite amie du moment entrait en contact avec d'autres hommes de son âge. À ce moment-là, la croyance irrationnelle de Jérémy l'amenait à déduire que sa petite amie était romantiquement et sexuellement intéressée par un autre homme, et que, si elle passait plus de quelques minutes à lui parler, ils en seraient bientôt à faire des plans de rencontre et qu'une liaison en découlerait. Ses petites amies avaient beau lui affirmer qu'elles ne faisaient qu'être sociables et qu'elles n'éprouvaient pas le moindre intérêt pour les autres hommes auxquels elles parlaient, Jérémy déduisait toujours la même chose. En effet, tant que Jérémy a cru que sa petite amie du moment devait s'intéresser seulement à lui, cette croyance lui a invariablement fait déduire que l'intérêt qu'elle pouvait porter aux autres hommes n'était pas uniquement de la politesse, mais que cela cachait un caractère romantique et sexuel.

De plus, puisque Jérémy se croit inférieur aux autres hommes, il a tendance à voir ces derniers comme lui étant supérieurs, et donc plus séduisants et plus intéressants aux yeux de ses petites amies. Comme je vais le démontrer maintenant, ce ne sont pas ces inférences, ni les croyances qui ont généré ces inférences, qui sont les seules responsables de la rupture de *pratiquement toutes les relations de Jérémy. C'est plutôt la manière d'agir de Jérémy envers ses petites amies qui les ont amenées à le quitter. Finalement, elles ont toutes admis qu'elles n'étaient pas prêtes à subir ses interrogatoires sans fin et ses restrictions excessives au sujet des personnes avec qui elles pouvaient ou ne pouvaient pas parler. Jérémy n'aurait cependant pas agi aussi lamentablement avec ses relations ni déduit que ses relations étaient constamment menacées, s'il n'avait adopté la croyance irrationnelle que sa petite amie ne devait démontrer aucun intérêt envers d'autres hommes, et que, si elle en démontrait, cela prouvait qu'il était inférieur.*

Jusqu'à maintenant, ce premier chapitre vous a présenté la structure de base de l'ABC, qui est le sceau de la psychothérapie comportementale émotive rationnelle. Cette structure est particulièrement utile pour analyser et comprendre pourquoi vous éprouvez de la jalousie maladive dans des situations précises. Si vous êtes nettement prédisposé à cette émotion maladive, vous pouvez aussi utiliser la structure de l'ABC pour en comprendre la raison.

Cependant, vous n'avez probablement pas acheté ce livre seulement pour comprendre la jalousie maladive. Vous voulez sûrement savoir comment maîtriser cette émotion maladive lorsqu'elle devient problématique pour vous. Pour vous aider, vous devez tout d'abord comprendre le modèle intégral de la PCER en ce qui concerne les changements individuels. Ce modèle détaillé commence avec les éléments de l'ABC, que j'ai déjà mentionnés. Après tout, vous ne pouvez pas réellement changer quelque chose avant de le comprendre. Et, comme je l'ai souligné, la structure de l'ABC est destinée à vous fournir une vue d'ensemble de ce qui se produit lorsque vous éprouvez de la jalousie maladive. Mais pour apporter tout changement à cette émotion maladive, vous devez comprendre et mettre en pratique quatre autres étapes. Ces étapes constituent la partie DEFG du modèle détaillé de la PCER des changements individuels. Bien sûr, je décrirai en détail comment faire pour maîtriser votre jalousie maladive plus loin dans ce livre (chapitres 4 et 5). Cependant, pour le moment il s'agit de comprendre, par une brève description, l'ensemble de la partie DEFG du modèle ABCDEFG. Je commencerai par le G.

G

Dans la structure de l'ABCDEFG, le G représente les objectifs (*Goals*). Lorsque vous êtes troublé par des sentiments de jalousie maladive, que vous désirez maîtriser ces sentiments, et étant donné l'existence réelle de l'événement déclencheur dans la partie A de la structure, vous avez besoin d'une idée précise de ce vous seriez prêt à éprouver à la place. Après tout, si votre partenaire s'intéresse à quelqu'un d'autre et que vous en éprouvez de la jalousie maladive, est-il réaliste de vous donner un objectif qui vous plaise ?

N'oubliez pas que vous voulez toujours avoir l'intérêt exclusif de votre partenaire. Pourquoi est-ce mal d'éprouver une saine jalousie qui, en fin de compte, signifie que vous désirez une relation exclusive avec votre partenaire sans avoir à en faire la demande ? Ma réponse est qu'il n'y a rien de mal à celà : une saine jalousie : peut même, à long terme, vous éviter de tenir votre partenaire pour acquis. Il n'est pas seulement important de vous fixer un objectif lorsque vous reconnaissez que vous éprouvez une émotion négative comme de la jalousie maladive ; il est aussi important de vous fixer un objectif qui vous aidera à long terme et qui est approprié à l'événement déclencheur négatif que vous affrontez vraiment ou que vous pensez affronter. Finalement, vous fixer des objectifs raisonnables, auxquels vous vous engagerez, vous motivera à accomplir la partie DEF du processus des changements individuels.

D

Dans la structure de l'ABCDEFG, le D représente la reconsidération (**D**isputing) de la croyance irrationnelle provoquant vos sentiments de jalousie maladive. Comme je l'expliquerai longuement plus loin dans ce livre, reconsidérer vos croyances irrationnelles nécessite que vous vous demandiez si elles sont vraies ou fausses, logiques ou illogiques, et utiles ou inutiles. Car, les croyances irrationnelles sont généralement fausses, illogiques et inutiles. Les reconsidérations nécessitent aussi que vous vous demandiez si vos croyances rationnelles parallèles sont vraies ou fausses, logiques ou illogiques, et utiles ou inutiles. Car, et comme vous le verrez plus tard, les croyances rationnelles sont généralement vraies, logiques et utiles.

E

Dans la structure de l'ABCDEFG, le E représente les effets (*Effects*) des techniques de reconsidération utilisées à l'étape précédente. Si vous avez effectivement reconsidéré vos croyances irrationnelles et que vous avez compris qu'elles sont fausses, illogiques et inutiles, et que vos croyances rationnelles parallèles sont vraies, logiques et utiles, vous commencez alors à vous apercevoir que vos émotions négatives maladives changent pour des émotions négatives saines et que vous commencez à être plus fonctionnel, ce qui rend vos pensées subséquentes plus objectives, réalistes et équilibrées.

Par contre, si vos sentiments, votre attitude et vos pensées subséquentes ne changent pas, vous avez là une bonne indication que vous devez revoir l'étape précédente des reconsidérations et vous interroger, une nouvelle fois, sur vos croyances irrationnelles et rationnelles.

F

Dans la structure de l'ABCDEFG, le F représente la facilitation (*Facilitating*) du changement. Pour apporter un changement significatif à vos émotions, à votre attitude et à vos pensées subséquentes, vous devez suivre les étapes suivantes et les mettre en pratique encore et encore.

- Interrogez-vous très souvent sur vos croyances irrationnelles et rationnelles, et rappelez-vous que les premières sont fausses, illogiques et inutiles alors que les secondes sont vraies, judicieuses et utiles. Plus vous développerez d'arguments pendant cette étape et plus vous le ferez énergiquement, mieux ce sera;

- Décidez d'agir en conséquence de vos croyances rationnelles et d'une manière qui va à l'encontre de vos croyances irrationnelles. Si vous reconsidérez avec succès les croyances irrationnelles causant votre jalousie maladive, mais que vous continuez d'agir en fonction de vos sentiments de jalousie, vous ne réussirez qu'à annuler les avantages gagnés à l'étape des reconsidérations. Changer d'attitude peut impliquer que vous agissiez à l'inverse de votre attitude habituelle de jalousie maladive, mais vous devez y parvenir si vous voulez opérer un changement individuel sain;

- Interrogez vos inférences si facilement inventées lorsque vous éprouvez un sentiment de jalousie maladive. Encore une fois, si vous vous permettez de traiter ces inférences déformées comme des faits, elles se préciseront et, par le fait même, elles annuleront les avantages gagnés à l'étape des reconsidérations.

Si vous franchissez l'étape de facilitation du changement avec succès, vous aurez aussi atteint vos objectifs de la structure, en G.

Dans ce chapitre, j'ai donc établi la différence entre une saine jalousie et la jalousie maladive et j'ai décrit la structure de l'ABCDEFG en expliquant les étapes à suivre pour maîtriser vos sentiments de jalousie maladive. Dans le prochain chapitre, je me concentrerai sur la jalousie maladive et j'examinerai plus en détail les facteurs provoquant cette émotion destructrice.

L'ABC de la jalousie maladive

Dans ce chapitre, j'examinerai pourquoi une personne a tendance à éprouver de la jalousie maladive et les attitudes provoquant cette forme de jalousie. J'examinerai aussi ce qu'une personne a tendance à faire et à penser lorsqu'elle est aux prises avec la jalousie maladive ; et je démontrerai comment ces comportements et ces pensées servent à maintenir ce type de jalousie. J'utiliserai la structure de l'ABC de la psychothérapie comportementale émotive rationnelle introduite au chapitre précédent pour traiter ce sujet.

À mesure que vous lirez le présent chapitre, j'aimerais que vous vous rappeliez que, dans le chapitre précédent, j'ai souligné qu'il existe deux principales formes de jalousie : une saine jalousie et la jalousie maladive. Dans ce chapitre-ci, je me concentrerai sur la jalousie maladive, et, dans le prochain chapitre, sur la saine jalousie.

Ce qui nous fait éprouver une jalousie maladive

J'ai pratiqué le *counselling* et la psychothérapie pendant près de vingt-cinq ans, et cela m'a permis de recevoir beaucoup de clients recherchant de l'aide pour maîtriser leur jalousie maladive. Dans pratiquement tous les cas, la jalousie maladive se rapportait à un événement : mes clients étaient convaincus qu'il existait une grave menace pour la relation qu'ils entretenaient avec une personne importante pour eux. Pour le moment, je me concentrerai sur la jalousie romantique, c'est-à-dire la jalousie qu'une personne éprouve lorsqu'elle s'est romantiquement investie dans sa relation avec une autre personne. Cependant, comme je le démontrerai plus loin, la jalousie peut aussi être éprouvée dans une relation qui n'a rien de romantique.

Voici un exemple typique de jalousie maladive romantique.

Miriam fréquente Jack depuis à peu près un mois lorsqu'ils sont invités à une fête. Miriam s'absente quelques minutes et, à son retour, elle voit Jack danser avec une autre femme. Elle en éprouve immédiatement de la jalousie maladive. Que doit faire Miriam à propos de cette situation apparemment inoffensive alors qu'elle en éprouve de la jalousie maladive ? Pourquoi n'est-elle pas heureuse de voir Jack s'amuser, ce qui, après tout, est le premier motif pour aller à une fête ? La réponse à ces questions est la suivante : Miriam perçoit une menace pour sa relation en voyant Jack qui danse avec cette autre femme et qui semble s'amuser.

Voilà. La raison pour laquelle vous éprouvez probablement de la jalousie maladive est la menace que représente une troisième personne pour votre relation avec une personne importante pour vous. Au cours d'un événement, les éléments essentiels vous faisant éprouver de la jalousie maladive sont les suivants :

• vous-même ;

• une personne importante à vos yeux et avec laquelle vous entretenez une relation ;

• une autre personne qui, selon vous, représente une menace pour cette relation.

Regardons maintenant ces éléments de plus près. L'aspect le plus important dans tout scénario de jalousie est la nature triangulaire de la situation, c'est-à-dire les trois personnes concernées. Cette caractéristique distingue la jalousie de l'envie. Vous pouvez envier une personne sans qu'une troisième personne soit concernée, tandis qu'une situation touchant trois personnes est une caractéristique précise de la jalousie.

La seconde caractéristique d'un scénario de jalousie est le fait que vous pensez avoir une relation avec une personne importante à vos yeux. Maintenant, dans presque tous les scénarios de jalousie, la relation que vous entretenez avec une autre personne est réelle. Cependant, dans certains scénarios de jalousie, bien que ce soit une minorité de cas, la relation existe dans votre tête. En d'autres mots, vous pensez que vous avez une relation avec une autre personne même si, en réalité, vous n'en avez pas.

Par exemple, Gina nourrit de très forts sentiments envers John et pense qu'il s'intéresse à elle, même s'ils ne sont jamais sortis ensemble. Quand Gina découvre que John a commencé à fréquenter Janice, elle en éprouve un fort sentiment de jalousie maladive parce qu'elle perçoit Janice comme une menace pour la relation qu'elle pense avoir avec John.

Jusqu'à maintenant, j'ai présenté la jalousie maladive romantique. Cependant, la jalousie maladive peut aussi être présente dans une relation qui n'est ni romantique ni sexuelle.

Par exemple, Roberta est douée en natation, et son entraîneur la chérit comme la prunelle de ses yeux. Tout le monde s'entend pour dire que Roberta est la protégée de son entraîneur, et même Roberta se réjouit de toute cette attention. C'est alors qu'une fille plus jeune se joint à l'équipe de natation; elle possède un talent exceptionnel, et l'entraîneur lui prête immédiatement plus d'attention qu'il n'en a eu pour Roberta. La réaction de Roberta est un très fort sentiment de jalousie maladive envers cette nouvelle relation parce qu'elle la considère comme une menace pour sa propre relation avec son entraîneur.

Les jeunes enfants éprouvent souvent de la jalousie maladive lorsqu'un nouveau-né apparaît.

Par exemple, Harry a trois ans lorsque sa petite sœur, Jessica, naît. Jusque-là, Harry avait profité de l'attention et de l'amour exclusifs de ses dévoués parents. Maintenant, l'arrivée de Jessica représente une menace pour sa relation exclusive avec ses parents, et il éprouve de la jalousie maladive qu'il démontre en frappant sa sœur et en se conduisant mal chaque fois que ses parents portent leur attention sur Jessica et qu'ils le négligent. Comme vous pouvez le voir, la jalousie maladive peut être éprouvée même dans le contexte d'une relation qui n'est ni romantique, ni sexuelle et elle peut se manifester assez tôt dans la vie.

LA NATURE DE LA MENACE
DANS LE CAS DE LA JALOUSIE MALADIVE

Lorsque vous considérez une troisième personne comme une menace envers votre relation, quelle est donc la nature de cette menace ? Selon moi, elle possède quatre facettes.

1 Vous considérez une autre personne comme celle qui vous remplacera auprès de votre partenaire et vous croyez que votre partenaire vous quittera pour cette dernière.

2 Vous pensez que votre partenaire trouve cette personne plus attirante que vous et, même si vous ne croyez pas qu'il vous quittera pour elle, vous craignez de perdre votre statut de personne la plus importante dans sa vie. Bien qu'à ce point vous ne soyez pas menacé par l'intérêt démontré par votre partenaire envers cette autre personne, vous vous sentez menacé (dans votre esprit) par le fait que vous ne serez plus la personne la plus importante dans sa vie et qu'il lui accorde une plus grande importance qu'à vous.

3 Pour vous, il est important que votre partenaire ne s'intéresse qu'à vous, et vous vous sentez menacé par tout intérêt qu'il peut démontrer à une autre personne. Ici, bien que l'exclusivité soit importante pour vous, vous ne croyez pas nécessairement que votre partenaire vous quittera.

4 Il est important que personne ne manifeste d'intérêt envers votre partenaire, et vous vous sentez menacé par tout intérêt qu'une autre personne peut lui démontrer. Encore ici, vous vous concentrez sur une autre personne plutôt que sur votre partenaire.

LES ÉVÉNEMENTS RÉELS ET LES INFÉRENCES DANS LE CAS DE LA JALOUSIE MALADIVE

Comme je le mentionnais au chapitre 1, vous pouvez éprouver une jalousie maladive, par exemple en présence d'une menace réelle pour votre relation avec votre partenaire ou, bien qu'en réalité il n'en soit rien, lorsque vous pensez qu'une menace existe. Dans ce cas, vous concluez de l'existence de cette menace pour votre relation et, plutôt que de la considérer comme une hypothèse, vous estimez qu'elle est un fait, et vous réagissez en conséquence.

Voici un exemple d'une personne qui éprouve de la jalousie maladive après avoir déduit qu'il existe une menace pour sa relation.

Daniel fréquente Linda depuis environ deux mois, et tout va à merveille. Même s'ils n'ont pas d'entente formelle, ils ont pris l'habitude de s'appeler quotidiennement. Un jour, Daniel appelle Linda, qui n'est pas à la maison. Il laisse un message sur son répondeur, lui demandant de le rappeler dès son retour. Une malchance, le répondeur de Linda est défectueux et n'enregistre pas le message de Daniel. Après une soirée en compagnie de deux amies, Linda revient chez elle fatiguée, et, voyant qu'elle n'a pas de message, éteint la sonnerie du téléphone et va se coucher. Daniel patiente jusqu'à minuit et rappelle Linda pour constater qu'il tombe encore sur le répondeur. À partir de ce moment, Daniel est convaincu que Linda lui ment et qu'elle n'est pas réellement sortie avec ses amies, mais plutôt avec un autre homme avec qui elle passe probablement la nuit. Chaque fois que Daniel entend le répondeur de Linda, et cela se produit plusieurs fois pendant la nuit, il est de plus en plus persuadé qu'elle est chez cet autre homme. Après avoir dormi d'un sommeil agité pendant seulement quelques heures, Daniel se réveille tout à fait persuadé que Linda a passé la nuit avec un autre homme.

Remarquez le nombre important d'éléments à propos de cet incident. D'abord, la situation place Daniel en A dans la structure de l'ABC parce que Linda ne l'a pas rappelé alors qu'il croyait avoir laissé un message sur son répondeur. À la suite de cet événement, l'inférence de Daniel est qu'elle a passé la nuit avec un autre homme. Daniel n'éprouverait pas cette jalousie maladive s'il s'en tenait aux faits ou s'il n'avait pas tiré cette conclusion et se basait sur ce qu'il sait de Linda : elle s'est montrée digne de foi et elle doit avoir une bonne raison pour ne pas l'avoir rappelé. Cependant, avec l'information qu'il possède, Daniel en vient à la conclusion que Linda a passé la nuit avec un autre homme ; voilà la raison de sa jalousie maladive.

Comme il a été décrit dans le A de la structure de l'ABC, une personne éprouvant fréquemment de la jalousie maladive a tendance à tirer des conclusions selon lesquelles sa relation est menacée par une troisième personne. Je vais maintenant expliquer pourquoi c'est le cas.

LE PASSÉ, LE PRÉSENT ET LE FUTUR DANS LE CAS DE LA JALOUSIE MALADIVE

Jusqu'à maintenant, j'ai abordé la jalousie maladive éprouvée au cours d'événements existant (ou que vous considérez comme existant) dans le présent et que vous croyez, d'une certaine manière, menaçants envers votre relation. En effet, la jalousie maladive reliée au présent, si l'on peut dire ainsi, est probablement la forme la plus courante de jalousie maladive.

Cependant, il est aussi possible d'éprouver de la jalousie maladive reliée à des événements passés ou à envers des événements qui ne se sont pas encore produits.

Voici un exemple de jalousie maladive reliée au passé.

> *Michael fréquente Cheryl depuis environ un an et, pendant tout ce temps, il n'a jamais éprouvé de jalousie maladive. Un jour, il découvre de vieilles photographies montrant Cheryl embrassant intimement un homme qu'elle a fréquenté pendant quelques mois. À partir de ce moment, Michael est maladivement jaloux de la relation que Cheryl a entretenue avec cet homme. Michael n'est pas maladivement jaloux d'une menace actuelle pour sa relation avec Cheryl, mais seulement d'une menace provenant du passé.*

Vous vous demandez peut-être comment une relation du passé peut être perçue comme une menace pour une relation présente. Après tout, cette relation est terminée, et, selon toute probabilité, votre partenaire ne reverra plus jamais l'autre personne. Cependant, dans le cas de Michael, ce qui le menace est la pensée que Cheryl ait pu trouver cet autre homme plus attirant que lui et qu'elle puisse souhaiter être avec cet autre homme plutôt qu'avec lui. Dans un autre cas, Keith est maladivement jaloux des relations précédentes de Martha parce qu'il a la prétention d'être le seul homme de sa vie. L'auteur Julian Barnes a écrit un roman convaincant intitulé *Before She Met Me* (Jonathan Cape, 1992), qui fournit une description détaillée des conséquences tragiques de la jalousie maladive reliée au passé, et qui vaut la peine d'être lu.

> *Comme exemple de jalousie maladive reliée au futur, Maria, une femme de cinquante ans, épouse Stephen, qui, lui, est âgé de vingt-six ans. Maria est tourmentée par des pensées de jalousie maladive concernant des femmes que Stephen pourra trouver plus attirantes qu'elle lorsque, quelque part dans le futur, il commencera à la considérer comme une vieille femme. Ce qui devient très intéressant est que Maria n'éprouve pas de jalousie maladive envers les femmes que Stephen peut rencontrer dans le présent parce qu'elle est certaine qu'il la trouve attirante. C'est seulement lorsque Maria pense à un moment dans le futur, quand Stephen cessera de la trouver attirante, qu'elle commence à être maladivement jalouse.*

Il est important de noter qu'une personne maladivement jalouse perçoit une menace pour sa relation, que ce soit de la jalousie maladive reliée au passé ou de la jalousie maladice reliée au futur. À cet égard, ces formes de jalousie maladive sont semblables à la jalousie maladive reliée au présent où la menace pour une relation est encore plus apparente.

Ce pourquoi nous éprouvons de la jalousie maladive

Jusqu'à maintenant, j'ai examiné ce qui amène une personne à éprouver de la jalousie maladive, à savoir une menace réelle ou, plus fréquemment, la perception d'une menace pour une relation importante. Cependant, il est important de comprendre que ce qui amène à éprouver de la jalousie maladive n'est pas la même chose que ce pourquoi elle est éprouvée. J'utiliserai la partie ABC de la structure de l'ABCDEFG pour expliquer ce que je veux dire.

Si vous vous rappele, dans le chapitre 1, j'expliquais que le A représente un événement déclencheur (réel ou supposé), que le B représente les croyances (*Beliefs*) à propos de cet événement déclencheur et que le C représente les conséquences émotionnelles, comportementales et rationnelles des croyances à propos du A. Si l'on applique la partie ABC de la structure complète, cela signifie que, lorsque vous éprouvez une jalousie maladive (en C) à propos d'une menace réelle ou supposée pour votre relation (en A), vous l'éprouvez non pas à cause de la menace elle-même, mais plutôt à cause des croyances que vous adoptez et qui concernent cette menace.

En d'autres mots, le C n'est pas déterminé seulement par le A. Ce sont plutôt vos croyances à propos du A qui déterminent le C. Bien sûr, cela ne signifie pas que le A n'est pas pertinent. Loin de là. Si vous de déduisez pas qu'une menace pour votre relation existe, alors vous n'éprouverez pas de jalousie maladive (ou de saine jalousie, si c'est le cas, comme je le démontrerai au chapitre suivant). Cela signifie que l'existence d'une menace pour votre relation, à elle seule, ne justifie pas votre sentiment de jalousie maladive. Pour éprouver de la jalousie maladive, vous devez adopter une série de croyances irrationnelles à propos d'une menace.

Résumons ce point.

1 Faire face (ou penser faire face) à une menace pour votre relation est une condition nécessaire pour éprouver de la jalousie maladive, mais elle ne suffit pas pour provoquer cet état émotionnel.

2 Faire face (ou penser faire face) à une menace pour votre relation en plus d'adopter une série de croyances irrationnelles sont des conditions nécessaires et suffisantes pour éprouver de la jalousie maladive.

Après avoir démontré que le facteur déterminant de la jalousie maladive est une série de croyances irrationnelles à propos d'une menace à laquelle vous faites face (ou pensez faire face), j'examinerai maintenant plus en détail la nature de ces croyances. Nous avons vu, au chapitre 1, que la PCER met l'accent sur quatre croyances : les demandes fermes, les croyances qui nous permettent d'aggraver les faits, les croyances qui réduisent notre tolérance à la frustration et les croyances de dévalorisation, de l'auto-dévalorisation, de la dévalorisation d'autres personnes ou de celle des conditions de vie. Bien que ces quatre croyances irrationnelles soient interconnectées, je les examinerai une à la fois. Parce qu'Albert Ellis, le fondateur de la psychothérapie comportementale émotive rationnelle, explique que les croyances irrationnelles sont le cœur de la perturbation psychologique qui inclut la jalousie maladive, je commencerai par les demandes fermes, puisqu'elles en sont le noyau.

LES DEMANDES FERMES

Faire une demande ferme est la base même d'une variété de problèmes émotifs, et c'est certainement le cas pour la jalousie maladive. Une demande ferme tend à être une version dogmatique d'une préférence parfaitement légitime et saine (que j'examinerai plus en profondeur au chapitre 3). En PCER, nous ne nous interrogeons pas habituellement sur une préférence totale, parce qu'elle est souple et laisse libre cours aux désirs et aux mobiles non réalisés ; par contre, nous nous interrogeons sur une demande ferme parce qu'elle est, comme je le démontrerai ci-dessous, dogmatique et tyrannique.

Voici plusieurs exemples des principales demandes fermes reliées à la jalousie maladive.

«Mon partenaire ne doit s'intéresser qu'à moi.»

«Mon partenaire peut trouver une autre personne attirante, mais il se doit de me trouver plus attirante que n'importe qui d'autre.»

«Je dois être la seule personne de qui mon partenaire a été amoureux.»

«Je dois avoir la certitude que mon partenaire n'est pas en compagnie d'une autre personne du même sexe que moi.»

«Je dois avoir la certitude que mon partenaire ne pense à aucune autre personne du même sexe que moi.»

«Mon partenaire ne doit faire aucune activité réservée exclusivement à notre relation avec une autre personne du même sexe que moi.»

«Aucune autre personne ne doit démontrer d'intérêt envers mon partenaire.»

LES CROYANCES QUI NOUS FONT AGGRAVER LES FAITS

Selon Albert Ellis, une croyance qui nous fait aggraver les faits est une évaluation extrême d'une méchanceté, évaluation ne laissant aucune place pour quelque chose de pire et provenant d'une demande ferme d'une personne. Je vais repasser la liste des exemples que j'ai énumérés lorsque j'ai examiné les demandes fermes et vous démontrer comment cette croyance s'intègre à l'ensemble des exemples.

> « Mon partenaire ne doit s'intéresser qu'à moi, et ce serait épouvantable s'il s'intéressait à quelqu'un d'autre. »

> « Mon partenaire peut trouver une autre personne attirante, mais il se doit de me trouver plus attirante que n'importe qui d'autre. Ce serait épouvantable s'il trouvait une autre personne plus attirante que moi. »

> « Je dois être la seule personne de qui mon partenaire a été amoureux, et ce serait épouvantable qu'il en soit autrement. »

«Je dois avoir la certitude que mon partenaire n'est pas en compagnie d'une autre personne du même sexe que moi, et ce serait affreux qu'il en soit autrement.»

«Je dois avoir la certitude que mon partenaire ne pense à aucune autre personne du même sexe que moi, et ce serait épouvantable de ne pas avoir cette certitude.»

«Mon partenaire ne doit faire aucune activité, absolument et exclusivement réservée à notre relation, avec une personne du même sexe que moi. Ce serait la fin du monde si je découvrais qu'il fait une telle activité avec une autre personne.»

«Aucune autre personne du même sexe que moi ne doit démontrer d'intérêt envers mon partenaire, et ce serait horrible si l'une d'elles en démontrait.»

LES CROYANCES QUI RÉDUISENT LA TOLÉRANCE À LA FRUSTRATION (RTF)

Une croyance RTF dénote qu'une personne qui l'a adoptée se croit incapable de tolérer un événement particulier. Encore une fois, M. Ellis explique que cette croyance provient d'une demande ferme, comme celà est démontré ici :

« Mon partenaire ne doit s'intéresser qu'à moi, et ce serait intolérable qu'il en soit autrement. »

« Mon partenaire peut trouver une autre personne attirante, mais il se doit de me trouver plus attirante que n'importe qui d'autre. Ce serait insupportable qu'il trouve une autre personne plus attirante que moi. »

« Je dois être la seule personne de qui mon partenaire a été amoureux. Je ne pourrais tolérer qu'il en soit autrement. »

« Je dois avoir la certitude que mon partenaire n'est pas en compagnie d'une autre personne du même sexe que moi, et je ne pourrais supporter de ne pas le savoir. »

« Je dois avoir la certitude que mon partenaire ne pense à aucune autre personne du même sexe que moi. Ne pas avoir cette certitude m'est intolérable. »

« Mon partenaire ne doit faire aucune activité, absolument et exclusivement réservée à notre relation, avec une personne du même sexe que moi. S'il faisait une telle activité avec une autre personne, je ne pourrais le supporter. »

« Aucune autre personne du même sexe que moi ne doit démontrer d'intérêt envers mon partenaire. Je ne pourrais m'arranger d'une telle situation. »

LES CROYANCES DE DÉVALORISATION

Une croyance de dévalorisation amène une personne à se donner à elle-même et à donner à d'autres personnes une cote globale négative. Encore une fois, selon M. Ellis, une croyance de dévalorisation provient d'une demande ferme (comme celà est démontré ci-dessous), bien que ce ne soient pas toutes les demandes fermes qui entraînent des croyances de dévalorisation.

« Mon partenaire ne doit s'intéresser qu'à moi, et, si ce n'est pas le cas, cela prouve que je suis indigne. »

« Mon partenaire peut trouver une autre personne attirante, mais il doit me trouver plus attirante que n'importe qui d'autre. S'il trouve une autre personne plus attirante que moi, cela prouve que je suis moins digne que cette autre personne. »

« Je dois être la seule personne de qui mon partenaire a été amoureux. Sinon, cela prouve que je suis moins facile à aimer qu'une autre personne. »

« Mon partenaire ne doit faire aucune activité, absolument et exclusivement réservée à notre relation, avec une personne du même sexe que moi. Si cela se produisait, je serais ridiculisée aux yeux de tout le monde. »

« Aucune autre personne du même sexe que moi ne doit démontrer d'intérêt envers mon partenaire. Si une personne le fait, elle est ignominieuse. »

En résumé et selon cette analyse, une menace pour notre relation (réelle ou supposée) représentée par une troisième personne n'explique pas, à elle seule, pourquoi nous éprouvons de la jalousie maladive. Nous l'éprouvons plutôt parce que nous adoptons une ou plusieurs croyances irrationnelles à propos d'une telle menace.

La jalousie maladive et les autres émotions négatives malsaines

Jusqu'à maintenant, j'ai fait référence à la jalousie maladive comme si elle était une émotion en elle-même. En utilisant la partie ABC de la structure de l'ABCDEFG, j'ai démontré ce qui suit :

A = Menace réelle ou supposée pour notre relation et constituée par une troisième personne ;

B = Croyances irrationnelles (demandes fermes, croyances qui nous font aggraver les faits, croyances qui réduisent notre tolérance à la frustration, croyances de dévalorisation) ;

C = Jalousie maladive.

Dans le domaine de la psychologie, il existe cependant une autre opinion qui dit que la jalousie maladive n'est pas qu'une seule émotion. Elle est plutôt un mélange complexe de différentes émotions. Je poursuivrai donc avec cette opinion et j'examinerai les émotions négatives malsaines formant la jalousie maladive, dont l'anxiété, la colère, la douleur, la dépression et la honte, puisqu'elles semblent être les émotions les plus importantes de la jalousie.

L'ANXIÉTÉ

Lorsque vous éprouvez de la jalousie maladive, il est fort possible que vous soyez anxieux la plupart du temps. Vous êtes constamment attentif aux moindres signes indiquant que votre partenaire s'intéresse à quelqu'un d'autre ou qu'une autre personne est intéressée par votre partenaire, et, comme je le commenterai plus loin, vous avez tendance à considérer comme une menace même le plus innocent échange entre votre partenaire et un membre du même sexe que vous. À ce titre, lorsque vous êtes en société et en compagnie de votre partenaire, vous avez de la difficulté à vous relaxer parce que vous analysez constamment ce que les autres se disent et ce qu'ils veulent dire exactement. Même en l'absence de votre partenaire, vous trouvez difficile aussi de vous relaxer parce que vous vous demandez constamment à qui il parle et ce qu'ils disent.

Lorsque la jalousie maladive devient un réel problème pour vous (et pour votre partenaire puisque, par définition, lorsque vous éprouvez de la jalousie maladive, votre partenaire en souffre), vous ne pouvez vous relaxer, même lorsque vous êtes seul avec votre partenaire. Essayez d'imaginer ce que votre vie serait si vous étiez dans les souliers de Marion.

En raison de la jalousie maladive de Marion, elle et son mari, Vic, passent très peu de temps avec d'autres personnes (parce que Marion croit qu'elle ne pourrait supporter la pensée que Vic regarde une autre femme ou lui parle), et Vic passe très peu de temps loin de Marion (parce que Marion croit qu'elle ne pourrait supporter la pensée que Vic se trouve dans la même pièce qu'une autre femme). Cependant, même dans leur propre maison, le fait d'être avec Vic ne diminue pas l'anxiété de Marion. Par exemple, lorsqu'ils regardent la télévision, elle est constamment nerveuse de voir apparaître une femme attirante au petit écran. Lorsque chacun d'eux lit un livre, elle est encore plus anxieuse que Vic trouve par hasard une scène aguichante et qu'il souhaite être avec cette femme plutôt qu'avec elle. Elle est anxieuse lorsqu'ils ne font rien parce qu'elle imagine que Vic pense à une femme attirante, et elle est anxieuse aussi d'aller au lit en imaginant que Vic peut rêver à une autre femme. Même quand ils font l'amour, elle ne peut se relaxer. Pourquoi? Vous l'avez deviné; parce qu'elle est effrayée que Vic puisse rêver de faire l'amour à une autre femme pendant qu'il lui fait l'amour, à elle.

La triste situation dans laquelle se trouve Marion démontre assez clairement que si vous êtes maladivement jaloux, l'anxiété devient pour ainsi dire votre compagne constante. L'anxiété générant une partie des émotions complexes de la jalousie maladive comporte trois éléments importants:

1 La menace (réelle ou supposée) pour ce qui est important pour vous;

2 L'insistance dogmatique que cette menace ne doit pas exister ;

3 L'idée qu'il serait effrayant que la menace se matérialise.

LA COLÈRE MALSAINE

La colère est une autre émotion qui est souvent ressentie par une personne éprouvant fréquemment de la jalousie maladive. Voyez la distinction entre la colère saine (lorsque vous essayez de faire face à une situation que vous n'aimez pas en utilisant des moyens respectueux envers l'autre personne) et la colère malsaine (lorsque vous essayez d'imposer votre volonté en utilisant des moyens condamnant l'autre personne). Vous ne serez pas surpris d'apprendre que la colère qui accompagne fréquemment la jalousie maladive est la colère malsaine.

Une personne éprouvant fréquemment de la jalousie maladive a souvent des règles qu'elle croit que les autres personnes, plus particulièrement leur partenaire, doivent suivre. C'est cette demande, selon laquelle l'autre personne doit obéir à ces règles, qui est ici à la base de la colère malsaine. En voici un exemple typique.

Bernadette et Paul vont quelquefois prendre un verre à la brasserie de leur quartier. Bernadette, qui éprouve depuis longtemps de la jalousie maladive, a établi une règle selon laquelle Paul a tort de regarder une autre femme dans la brasserie lorsqu'il est avec elle. Cette règle est déjà assez pénible, mais elle devient bien pire lorsque Bernadette exige de Paul qu'il s'y conforme, et, quand elle croit que Paul enfreint cette règle, lorsqu'elle l'accable d'injures mêlées d'accusations qui ressemblent plus à un interrogatoire.

« Comment oses-tu lorgner cette femme, alors que tu sais que je n'aime pas ça? La dernière fois que nous sommes sortis, je t'ai dit que cela me blessait. Pourquoi me fais-tu cela? Paul, tu es réellement salaud. Je sais que tu aimerais mieux être avec elle plutôt qu'avec moi. Mais pourquoi dois-tu le montrer comme ça?»

Voilà le genre d'abus qu'une personne éprouvant de la jalousie maladive comment contre son partenaire. La colère malsaine générant une partie des émotions complexes de la jalousie maladive comporte trois éléments importants:

1 Une règle de conduite à suivre pour le partenaire; cette règle impose le comportement (c'est-à-dire celui qu'on exige que le partenaire adopte) ou elle interdit le comportement (c'est-à-dire celui qu'on exige que le partenaire s'abstienne d'avoir);

2 L'insistance dogmatique pour que le partenaire obéisse absolument à cette règle;

3 La manifestation d'une attitude de réprobation lorsque le partenaire enfreint la règle.

LA DOULEUR

Lorsque la douleur est une caractéristique de la jalousie maladive, vous pensez que votre partenaire vous trahit et vous considérez n'avoir rien fait pour mériter ce traitement injuste. La douleur entraîne souvent la bouderie, et, selon mon expérience clinique avec des personnes éprouvant fréquemment de la jalousie maladive, elle oscille aussi entre une expression de colère non déguisée et une forme quelconque de comportement boudeur.

Aussitôt que Peter et June sont mariés, Peter commence à montrer des signes de jalousie maladive. Peter est sans emploi tandis que June occupe un poste de professionnelle bien payé : une situation nourrissant l'insécurité et la jalousie maladive de Peter. Parce qu'il a beaucoup de temps libre, Peter passe de longs moments seul à penser à tous les hommes avec lesquels June flirte au travail. Lorsque June revient à la maison, Peter l'interroge sur sa journée, ce qu'elle a fait, avec qui elle a parlé. Après quelques minutes, June refuse de donner à Peter un compte-rendu détaillé de ses communications, une situation à laquelle Peter répond avec colère et ensuite avec douleur. Peter ressent de la douleur parce qu'il considère le refus de June de lui parler de sa journée comme un abus de confiance non mérité. Lorsque cela se produit, Peter devient maussade et boude June pendant des heures.

Les sentiments de douleur générant une partie des émotions complexes de la jalousie maladive comportent trois éléments importants:

1 L'idée que votre partenaire vous trahit et que vous ne méritez pas ce traitement;

2 L'insistance dogmatique que votre partenaire ne doit absolument pas faire cela;

3 L'attitude du «pauvre moi».

LA DÉPRESSION

Lorsque la dépression est une caractéristique de la jalousie maladive, vous avez tendance à vous concentrer sur l'idée que vous êtes une personne fondamentalement indigne, qu'on ne peut aimer et, par conséquent, que votre partenaire voudra absolument partir avec la première personne qu'il trouvera plus attirante et plus intéressante que vous. À votre avis, ce sera la première personne raisonnablement présentable que votre partenaire rencontrera.

Une autre pensée associée à la partie dépressive de la jalousie maladive est reliée à l'idée que vous éprouverez toujours de la jalousie maladive, et que vous aurez ainsi toujours de la difficulté dans vos relations avec les personnes du sexe opposé, ce qui est effrayant.

Les sentiments de dépression générant une partie des émotions complexes de la jalousie maladive comportent trois éléments importants :

1 L'inférence que votre partenaire vous quittera obligatoirement pour une autre personne ;

2 La croyance que cela ne doit pas se produire, même si une partie de vous reconnaît que cela est inévitable ;

3 La croyance que vous êtes indigne ; une idée qui vous persuade que vous allez perdre votre partenaire et tous vos prochains partenaires, et, si cela se produit dans votre relation actuelle, cette idée sera renforcée.

LA HONTE

Lorsque la honte est une caractéristique de la jalousie maladive, vous vous concentrez sur ce que révèle aux autres chaque menace pour votre relation. La honte implique que vous vous considérez comme une personne diminuée, tarée ou ignominieuse. Avec la honte reliée à la jalousie, vous êtes préoccupé par l'idée que votre partenaire vous fait paraître stupide ou que vous êtes la risée de tous, ce qui renforce l'idée que vous êtes indigne.

Dans ses relations avec les hommes, Karen ressent de la jalousie lorsque son petit ami du moment se met à discuter avec d'autres femmes au cours d'un événement mondain auquel assistent ses amis. Bien que Karen considère ces femmes comme des menaces pour sa relation actuelle, elle est aussi préoccupée par le fait que son partenaire se paye sa tête devant ses amis. Pour Karen et les autres personnes pour qui la honte est une caractéristique de la jalousie maladive, non seulement leur partenaire ne doit pas démontrer d'intérêt pour une autre personne du même sexe qu'elles, mais il ne doit pas non plus exposer un tel intérêt au yeux d'autres personnes.

Lorsque la honte génère une partie des émotions complexes de la jalousie maladive, elle comporte trois éléments :

1 Vous croyez que, lorsque le comportement de votre partenaire envers une personne du même sexe que vous représente une menace pour votre relation et que ce comportement est remarqué par d'autres personnes, elles penseront que ce comportement vous tourne en ridicule ;

2 Vous croyez que ces personnes ne doivent jamais penser du mal de vous ;

3 Vous croyez que si d'autres personnes pensent que vous êtes stupide, cela prouve que vous l'êtes.

Ayant considéré les différentes émotions formant la réaction émotionnelle complexe mieux connue sous le nom de jalousie maladive, je vais maintenant examiner de quelle manière une personne a tendance à réagir lorsqu'elle est maladivement jalouse.

Comment vous réagissez (ou avez tendance à réagir) lorsque vous êtes maladivement jaloux

Comme je l'ai mentionné au chapitre 1, lorsque vous ressentez une émotion, vous éprouvez aussi un besoin de réagir de manières variées et cohérente avec cette émotion. Ce besoin de réagir est connu sous le terme de « tendances à l'action ».

La plupart du temps, vous suivez ces tendances dans votre comportement, mais vous pouvez aussi agir contre elles. En effet, si vous êtes incapable d'agir contre vos tendances à l'action, un changement sera impossible. Dans cette section, j'expliquerai la façon dont vous agissez, ou avez tendance à agir, lorsque vous éprouvez de la jalousie maladive. Pour deux raisons, il est capital de comprendre vos comportements reliés à la jalousie maladive. Premièrement, vous pouvez utiliser vos réactions comme aide-mémoire lorsque vous éprouvez de la jalousie maladive, et donc travailler à déterminer, à remettre en question et à changer les croyances irrationnelles causant votre jalousie maladive. Deuxièmement, il faut que vous compreniez quel impact a votre comportement sur votre partenaire lorsque vous ressentez une émotion destructrice. Votre façon de réagir envers votre partenaire lorsque vous éprouvez de la jalousie maladive constitue ce qui est destructeur pour votre relation.

Quels sont donc les comportements importants et les tendances à l'action associés à la jalousie maladive ?

SURVEILLER CONTINUELLEMENT

Lorsque vous vous trouvez avec votre partenaire dans une situation où vous pensez qu'une autre personne représente une menace pour votre relation et que vous éprouvez de la jalousie maladive, vous avez tendance à examiner cette situation et à rechercher constamment des signes de cette menace.

> *Mary est à la brasserie en compagnie de son nouveau petit ami, Malcolm, et deux autres couples. Parce qu'elle éprouve de la jalousie maladive, elle surveille Malcolm pour savoir s'il regarde une autre femme. D'un œil attentif, elle surveille aussi les autres femmes pour voir si elles regardent Malcolm. Bien sûr, avec cette surveillance constante, Mary ne peut se concentrer sur la conversation de ses amis.*

Lorsqu'elle accompagne son partenaire à une soirée, une personne éprouvant de la jalousie maladive affiche souvent un air distrait.

QUESTIONNER CONSTAMMENT

Une manifestation comportementale très commune de la jalousie maladive est le questionnement constant. Les partenaires des personnes maladivement jalouses se plaignent souvent que leur partenaire jaloux leur fait subir de longs interrogatoires serrés. Lorsque vous êtes maladivement jaloux, vous allez même peut-être jusqu'à insister pour connaître tous les aspects, si minimes soient-ils, de l'expérience de votre partenaire pouvant augmenter la menace pour votre relation et que vous pensez constamment présente. Par exemple, si votre partenaire se rend à un événement, il est probable que vous tenterez de savoir si d'autres personnes du même sexe que vous étaient présentes, l'âge qu'elles avaient, à quoi elles ressemblaient, à qui votre partenaire a parlé, s'il a trouvé une personne plus attirante, etc. Dans une situation où vous accompagnez votre partenaire et où d'autres personnes du même sexe que vous sont présentes, et étant donné que vous avez une meilleure connaissance de son comportement, vos questions porteront plus sur ce qu'il pense. Vous serez donc tenté de poser à votre partenaire des questions comme : « As-tu trouvé cette personne attirante ? », « Si je n'avais pas été là, quelle personne aurais-tu aimé raccompagner ? », « Qu'est-ce que tu en penses ? », « Que regardes-tu ? », « À quoi penses-tu ? », etc.

Derrière cette forme d'interrogation se cache votre espoir d'être assuré qu'il n'existe aucune menace pour votre relation, mais votre inaptitude à être rassuré fait que vous ne recevrez jamais cette assurance dont vous avez besoin, en tout cas pas à court terme. Comme je l'expliquerai dans la prochaine section, une caractéristique principale de la jalousie maladive est la défiance. Dans une situation où vous n'accompagnez pas votre partenaire et où des membres du même sexe que vous sont présents, vous trouvez difficile, voire impossible, de lui faire confiance ; et parce que vous n'avez pas accès à ses pensées, vous trouvez difficile de croire qu'il ne vous est pas infidèle en pensée alors que vous êtes fidèle.

VÉRIFIER CONSTAMMENT

Lorsque vous êtes maladivement jaloux, vous avez aussi tendance à vérifier constamment ce que fait votre partenaire et, quand les occasions le permettent, vous donnez vraiment suite à de telles vérifications.

> *Keith éprouve une jalousie maladive dans sa relation avec sa femme Martha. Lorsque Martha lui annonce qu'elle va retrouver ses amies pour un verre après le travail, Keith est convaincu qu'elle va rejoindre un homme. Par conséquent, Keith se doit de vérifier les déplacements de Martha et il la suit. Même si Martha fait toujours ce qu'elle a dit qu'elle s'apprêtait à faire, ce qui a peu ou point d'impact sur Keith, il la soupçonne d'être trop intelligente pour se faire prendre.*

De nos jours, avec les factures de téléphone détaillées, il est facile pour une personne éprouvant de la jalousie maladive de vérifier les appels de son partenaire. Si elle tombe sur un numéro de téléphone inconnu, elle trouve tout naturel de le composer pour découvrir à qui son partenaire a pu parler. Si elle découvre que cette personne est du même sexe qu'elle, elle peut essayer de découvrir le genre de relation qu'ils entretiennent ou elle peut interroger son partenaire jusqu'à ce qu'elle apprenne la vérité. Évidemment, elle n'accepte pas aussi facilement la garantie de son partenaire qu'il n'a aucune relation romantique avec cette autre personne jusqu'à ce qu'elle connaisse la vérité. Découvrir l'innocence d'une relation en particulier ne l'assure pas que son partenaire n'a aucune relation romantique avec une autre personne, seulement qu'elle ne l'a pas encore découverte.

Pour ce qui est du questionnement, vous espérez avec acharnement que vos vérifications prouveront qu'il n'existe aucune menace pour votre relation, mais vous ne pouvez vous en convaincre. Donc, tout comme Keith, vous croyez que votre partenaire se montre plus malin que vous et vous pensez qu'il est maître dans l'art de décevoir.

TENDRE DES PIÈGES

Lorsque vous êtes maladivement jaloux, vous ressentez le besoin de prendre votre partenaire au piège de la déception. Mandy, une de mes clientes, en est un exemple typique. Je vous décris l'un de ses pièges.

> *Avant de sortir et de laisser son mari seul à la maison, elle s'arrache un cheveu, le lèche et le colle sur le combiné du téléphone. À son retour, elle vérifie si le cheveu est toujours en place. S'il n'y est pas, elle en conclut que son mari a appelé sa*

maîtresse. Plutôt que d'affronter son mari à propos de ses doutes, elle lui demande tout bonnement s'il a fait des appels. S'il dit ne pas en avoir fait, elle est alors convaincue que ses soupçons sont fondés. Mandy ne considère pas, ne serait-ce qu'une minute, la possibilité qu'après un certain temps, le cheveu ait séché et se soit envoler, simplement.

IMPOSER DES RESTRICTIONS À SON PARTENAIRE

Une personne maladivement jalouse qui surveille son partenaire ou qui essaie de le piéger a tendance à ne pas se considérer comme une personne dominante dans sa relation. En revanche, une personne maladivement jalouse qui se considère comme une personne dominante dans sa relation est plus sujette à imposer des restrictions à son partenaire plutôt qu'à le surveiller ou à le piéger.

La plus commune des restrictions imposées par une personne maladivement jalouse est la limite géographique. Cela signifie que vous interdisez à votre partenaire d'aller à certains endroits. Ces endroits sont généralement ceux où vous pensez que votre partenaire peut être en contact avec des membres du même sexe que vous et dont la raison d'être est la relation sociale (ex.: clubs, brasseries et salles de danse). Une personne qui a un problème précis de jalousie maladive a tendance à être encore plus sévère dans ses restrictions: elle ira jusqu'à interdire à son partenaire tout contact avec une personne de même sexe qu'elle. Par exemple, avant de commencer à voir Derek pour du *counselling*, un homme interdisait à son épouse de répondre à la porte pour éviter toute rencontre avec le facteur ou le laitier. Si votre jalousie maladive atteint ce degré, vous avez sans aucun doute besoin d'une aide professionnelle, et je vous suggère fortement de mentionner l'étendue de votre problème de jalousie maladive à votre médecin généraliste. Comme vous pouvez l'imaginer, le partenaire d'une personne maladivement jalouse la qualifie de tyran et est souvent très malheureux dans sa relation.

Cela est justifié puisque, en plus d'être maladivement jalouse, une telle personne est aussi très possessive. Elle traite son partenaire comme une possession et pense rarement qu'il est une personne à part entière. En grande partie à cause de ses problèmes émotionnels, une personne possessive, ainsi qu'une personne maladivement jalouse, trouve difficile de penser à son partenaire puisqu'elle est trop accaparée par ses propres problèmes. Elle pense rarement à la tristesse de son partenaire sauf quand cela constitue une menace pour elle-même. Si son partenaire lui dit qu'il est malheureux, elle ne perçoit cela que comme une preuve de plus qu'il complote pour la quitter et que, par conséquent, elle a encore plus de raisons de le restreindre.

Une autre forme de restriction imposée par une personne maladivement jalouse est ce que j'appelle la restriction comportementale. Vous restreignez votre partenaire ou lui interdisez de faire certaines activités. Par exemple, Jack permet à Pam d'aller danser avec ses amies, mais il lui interdit de danser avec quelque autre homme que ce soit. C'est un exemple de restriction comportementale sans restriction géographique.

Les interdictions comportementales communes qu'une personne maladivement jalouse impose à son partenaire incluent l'interdiction de parler aux membres du même sexe qu'elle, de les regarder ou de leur sourire, et de regarder une émission de télévision ou une vidéocassette qu'elle considère, d'une certaine façon, comme une menace pour sa relation. Ainsi, une de mes clientes a pour habitude d'éteindre la télévision chaque fois qu'il y a un contact sexuel entre deux acteurs, même un simple baiser. Quand je lui ai demandé ce qu'elle trouvait menaçant dans ces scènes, elle m'a répondu ce qui suit:

«Je ne peux supporter l'idée que Frank (son mari) puisse regarder ces scènes et que cela finisse par l'exciter. Si cela se produisait, cela voudrait dire que Frank aimerait mieux être avec l'actrice plutôt qu'avec moi, et ce serait la fin de notre relation parce qu'il faut que je sois la seule femme au monde que Frank désire.»

Une autre forme de restriction qu'une personne maladivement jalouse impose à son partenaire concerne les vêtements que ce dernier doit porter.

J'appelle cela la restriction vestimentaire. Cette forme de restriction est plus fréquemment imposée par les hommes que par les femmes. Le type de vêtements qu'un homme interdit à sa partenaire de porter fait partie d'une des deux catégories suivantes :

1 Les vêtements trop révélateurs (selon les critères de l'homme concerné) du corps de sa partenaire ou qui soulignent certaines parties de son corps. Ainsi, un homme maladivement jaloux tend à interdire à sa partenaire de porter des vêtements qui révèlent ses jambes, sa poitrine, ses cuisses ou qui soulignent ces parties du corps (ex. : un collant, une robe ajustée) ;

2 Les vêtements qui vont (selon les critères de l'homme concerné) probablement donner aux autres hommes une « mauvaise impression » de sa partenaire. Quelques-unes de mes clientes ayant un partenaire maladivement jaloux m'ont déjà dit ne pas pouvoir porter de vêtements qui risquent, à ses yeux à lui, de leur donner une apparence de « traînée », comme une jupe ou un chemisier rouges, ou des collants noirs et des bas de nylon. Une ou deux de mes clientes m'ont même dit que leur partenaire leur interdisait toute forme de maquillage. Encore une fois, ce qui se cache derrière ces interdictions est la crainte que d'autres hommes puissent être attirés par la partenaire et que cette dernière puisse répondre à leurs avances, que ce soit en acte ou en pensée.

SE VENGER

Quelques personnes maladivement jalouses et convaincues de l'infidélité de leur partenaire ripostent en étant elles-mêmes infidèles. La plupart du temps, la personne concernée n'a aucune preuve que son partenaire a été infidèle, mais elle tend à percevoir son inférence à propos de l'infidélité comme un fait et elle riposte de la même façon.

Un de mes clients, Marcus, croit que sa petite amie a une aventure avec son patron et peut citer de nombreux « faits » pour appuyer ses dires. Toutes ses preuves me semblent très indirectes (ex. : ils ont échangé des cartes d'anniversaire, et le patron de sa partenaire l'a même appelée une fois pendant la fin de semaine pour une affaire urgente). Marcus ressent un grand nombre d'émotions négatives malsaines à propos de la relation entre sa petite amie et son patron. Il éprouve une jalousie maladive, une colère malsaine ; cette situation le déprime, et il croit que l'aventure de sa petite amie avec son patron l'humilie aux yeux des gens qui le connaissent. En réponse à ce mélange complexe de pensées et d'émotions troublantes, Marcus croit qu'il doit riposter, et il a donc une aventure avec une femme où il travaille.

De telles mesures de représailles ont souvent plusieurs motifs. D'abord, elles constituent un acte de revanche (œil pour œil, dent pour dent) et, ensuite, elles servent de stratégie compensatoire. Ainsi, pour une personne maladivement jalouse, ces représailles augmentent son estime d'elle-même déjà anéantie. Pour se prouver qu'elle est encore attirante, elle sort et fait la même chose que son partenaire, convaincue qu'il l'a fait, c'est-à-dire qu'il a eu une aventure.

PUNIR SON PARTENAIRE

Une personne qui éprouve de la jalousie maladive cherche peut-être aussi à punir son partenaire de la même façon. C'est particulièrement le cas lorsque la colère malsaine est une caractéristique prédominante de la jalousie maladive. Une telle punition prend souvent la forme de violence verbale, bien que l'agression physique puisse aussi se produire.

> *Harold est maladivement jaloux de sa femme, Maureen, et tous les soirs, à son retour du travail, il la soumet à un interrogatoire intensif. S'il n'est pas satisfait de ses réponses ou encore si, pour défier ses interdictions, elle porte des vêtements qu'il désapprouve, il lui crie un flot d'injures.*

Une personne maladivement jalouse peut chercher à punir son partenaire en utilisant des manières moins directes. Dans ce cas-ci, la bouderie est une forme particulièrement commune de punition indirecte. Une personne boude pour différentes raisons, mais, assez fréquemment, c'est pour punir son partenaire sans avoir à lui dire pourquoi elle le fait.

Chaque fois que Marie surprend son mari, Laurent, à regarder des scènes d'amour à la télévision, elle sort de la pièce et le boude pendant plusieurs jours. Lorsqu'elle recommence à lui parler, elle lui rappelle qu'elle déteste qu'il regarde ce genre de scènes à la télévision et que son refus de s'y conformer signifie qu'il est plus intéressé par les autres femmes que par elle.

Une autre forme de punition utilisée par une personne maladivement jalouse envers son partenaire est particulièrement méchante. D'habitude, la personne prive délibérément son partenaire de quelque chose qui lui fait plaisir ou qui le rend heureux.

Arthur est marié à Samantha qui, de son mariage précédent, a un fils maintenant âgé de vingt et un ans. Arthur est maladivement jaloux dans sa relation avec Samantha et lui interdit de parler à tout homme âgé de moins de cinquante ans. Un jour, Arthur revient de travailler plus tôt et trouve Samantha qui discute, sur le pas de la porte, avec le laitier qui a déjà téléphoné pour essayer d'obtenir la commande de lait de la famille. Arthur est tellement jaloux à propos de cet événement qu'il décide de donner une leçon à Samantha. Arthur a promis à Samantha que, plus tard durant la semaine, il l'emmènerait dans le nord pour la cérémonie de remise des diplômes de son fils. Il lui annonce néanmoins que, parce qu'elle a violé sa confiance (en parlant avec le laitier), il a changé d'idée et qu'il ne l'y emmènera pas. Il l'informe aussi qu'elle ne peut y aller de son propre chef puisqu'il ne peut manifestement pas lui faire confiance. Il refuse également de lui donner de l'argent pour le prix d'un billet de train. Samantha n'assiste donc pas à cet événement marquant de la vie de son fils. Comme c'est la goutte qui fait déborder le vase, le résultat de cet épisode est que Samantha décide de quitter Arthur, et entame la procédure en divorce.

Une relation dans laquelle une personne est vindicative à cause de sa jalousie maladive se termine assez souvent de cette façon. Tôt ou tard, le partenaire décide qu'il en a assez et s'en va. Plutôt que de prendre la responsabilité de son caractère vindicatif et des effets compréhensibles d'un tel comportement sur son partenaire, une personne vindicative par sa jalousie maladive se sent lésée d'être traitée de cette façon méchante par son partenaire et elle est de plus en plus fermée aux membres du sexe opposé en qui elle ne peut avoir confiance. Tel est le monde égocentrique d'une personne maladivement jalouse.

PUNIR SON RIVAL

Bien que la jalousie maladive reliée à la colère, chez quelques, personnes soit dirigée vers leur partenaire, la jalousie, chez d'autres personnes, est dirigée vers la personne qu'elles croient être une menace particulière pour leur relation (cette personne est désormais désignée comme le rival). Il est important de vous rendre compte que la personne que vous voyez comme un rival ne représente en réalité aucune menace pour votre relation. Le fait est que vous croyez qu'elle est être un rival, et c'est à vos inférences que vous vous fiez plutôt qu'à la réalité objective, à moins que les deux ne coïncident.

Vous punissez probablement votre rival de la même manière que vous punissez votre partenaire. Peut-être le réprimandez-vous verbalement ou le maltraitez-vous physiquement. Bien qu'il soit moins probable que vous vous éloigniez de votre rival en boudant, sans doute le ferez-vous souffrir d'une autre manière.

Par exemple, Éric est maladivement jaloux de la relation de sa femme avec deux de ses collègues. Objectivement, il n'existe aucune relation entre Jan, sa femme, et ces deux hommes, sauf une amitié entre collègues. Cependant, Éric est convaincu qu'il existe quelque chose entre sa femme et l'un des deux hommes, et il parierait qu'il s'agit de Gerry, le plus beau des deux.

Éric blâme Gerry d'avoir suscité cette aventure (fictive) et décide de le faire souffrir. À la fête de bureau de Jan, il aug-mente la concentration d'alcool dans la boisson de Gerry et informe la police (anonymement, bien sûr) que Gerry conduit son véhicule sous l'effet de l'alcool. La police arrête et accuse

Gerry, qui perd son permis de conduire pour six mois. Comme Gerry a besoin de son véhicule pour travailler, il perd aussi son emploi : cela procure à Éric une satisfaction particulière. Comme cela se produit souvent lorsqu'une personne maladivement jalouse punit son rival, Gerry ne découvrira jamais qui a appelé la police ce soir-là. Éric adopte à l'égard de Gerry un comportement passif agressif. Il est agressif envers Gerry en lui attirant des ennuis avec la police et son employeur, mais il le fait de manière passive, ce qui signifie qu'il dissimule le fait qu'il est l'auteur de l'agression. Cependant, dans un autre cas, la personne maladivement jalouse peut tenir à ce que son rival sache qu'elle est responsable de l'exécution du châtiment.

Comment vous pensez lorsque vous êtes maladivement jaloux

Jusqu'à maintenant, je me suis concentré sur deux formes de pensées reliées à la jalousie maladive. Plus tôt dans ce chapitre, j'expliquais que vous êtes maladivement (ou sainement) jaloux dans une situation où vous pensez faire face à une menace pour votre relation avec votre partenaire et qui est représentée par une troisième personne (en A dans la structure de l'ABC). J'ai ensuite expliqué que la raison pour laquelle vous éprouvez de la jalousie maladive est que vous adoptez une série de croyances irrationnelles envers cette menace (en B dans la structure de l'ABC). Je vais maintenant examiner le fait qu'une croyance irrationnelle ne mène pas seulement à éprouver de la jalousie maladive (C : conséquences émotionnelles), mais qu'elle peut aussi vous amener à penser de manière destructrice. Voici comment vous pensez lorsque vous commencez à éprouver de la jalousie maladive. Cette forme de pensée est essentiellement une création de motifs et de scénarios de jalousie vous empêchant de prendre du recul et de regarder objectivement la menace à laquelle vous pensez faire face dans votre relation.

LA DÉFIANCE ET LA MÉFIANCE

Lorsque vous êtes maladivement jaloux à propos d'une menace pour votre relation, vous avez tendance à sous-estimer l'honnêteté de votre partenaire, et vos pensées sont remplies de méfiance envers ce qu'il fait avec d'autres personnes. Lorsque vous faites face à l'incertitude et que vous êtes incapable de vérifier ce que fait votre partenaire, cette défiance et cette méfiance sont augmentées, et elles prennent souvent, dans votre imagination, la forme de scénarios où votre partenaire et votre rival se sont sexuellement et émotionnellement investis. À cet égard, il existe quelques études suggérant qu'une femme maladivement jalouse est plus sujette qu'un homme à imaginer des scénarios où son partenaire s'est émotionnellement investi avec une autre femme, alors qu'un homme imaginera plutôt des scénarios sexuels.

Glenda est censée rencontrer son petit ami Nick à leur bar préféré à 20 h, mais, après une demi-heure, Nick n'est toujours pas arrivé. Glenda appelle à l'appartement de Nick et se fait répondre qu'il est sorti pour la soirée ; à ce point, Glenda devient maladivement jalouse. Plus la soirée avance, plus les scénarios dans la tête de Glenda se développent. Après trois heures, Glenda imagine que Nick est avec une autre femme, qu'ils soupent aux chandelles et qu'ils échangent des paroles affectueuses. En réalité, Nick a eu des problèmes de voiture et il a attendu une dépanneuse pendant trois heures.

PENSER QUE VOTRE PARTENAIRE A UNE ATTITUDE NÉGATIVE ENVERS VOUS

Une fois que vous avez éprouvé de la jalousie maladive, vous avez tendance à penser que votre partenaire a une attitude négative envers vous. Lorsque vous êtes maladivement jaloux, lorsqu'on vous demande ce que votre partenaire pense de vous, vous répondez qu'il ne fait pas attention à vous, qu'il ne vous aime plus (s'il vous a déjà aimé), qu'il ne vous considère plus comme une personne attirante mais plutôt ennuyeuse et que c'est pour cela qu'il s'intéresse à quelqu'un d'autre.

NE PAS ÊTRE OBJECTIF QUANT À L'ATTITUDE DE VOTRE PARTENAIRE

Lorsque vous êtes maladivement jaloux à propos de ce que vous pensez que votre partenaire fait avec votre rival, vous avez tendance à ne pas être objectif envers son attitude. Par exemple, vous pouvez penser qu'il vous rejette, qu'il vous trahit ou qu'il vous ridiculise. Comme nous l'avons déjà vu, de telles inférences peuvent être vraies, mais elles doivent être objectivement examinées et comparées aux preuves, s'il y en a. Cependant, lorsque vous éprouvez de la jalousie maladive, vous avez tendance à considérer ces inférences comme vraies, et vous prenez rarement du recul pour les examiner et les comparer à la réalité. Votre jalousie maladive vous entraîne à penser d'une manière correspondant à l'idée que vous faites face à une menace sérieuse pour votre relation avec votre partenaire.

NE PAS ÊTRE OBJECTIF QUANT À VOS RELATIONS FUTURES

Lorsque vous éprouvez de la jalousie maladive, vous avez tendance à faire des prédictions négatives quant à vos possibles relations futures. Lorsque Simon devient maladivement jaloux de la relation de sa petite amie avec son patron, il devient aussi assez dépressif puisqu'il pense qu'il ne pourra plus jamais faire confiance à une femme.

NE PAS ÊTRE OBJECTIF
QUANT À VOS PROPRES QUALITÉS

Lorsque vous éprouvez de la jalousie maladive dans votre relation avec votre partenaire, vous avez tendance à ne pas être objectif par rapport à vos propres qualités, particulièrement dans le cas des relations. Ainsi, vous pensez peut-être que vous n'êtes pas digne de votre partenaire, que vous n'êtes pas une personne attirante ou même que vous êtes une personne ennuyeuse. Vous avez aussi tendance à penser que vous êtes inférieur à votre rival quant à ce que vous pouvez offrir à votre partenaire.

CONSIDÉRER UN MEMBRE DU MÊME SEXE
QUE VOUS COMME UN RIVAL

Lorsque vous éprouvez de la jalousie maladive envers votre partenaire, vous avez très fréquemment tendance à considérer un membre du même sexe que vous comme un rival. Par exemple, dans des réceptions mondaines, chaque fois que Julien voit sa petite amie, Hilary, parler à un autre homme, il éprouve une jalousie maladive envers ce qu'il voit et tend à considérer cet homme comme un rival pour l'affection de sa petite amie.

Une caractéristique importante de la jalousie maladive : les conséquences cognitives du C deviennent les inférences du A

Jusqu'ici, j'ai expliqué que, lorsque vous adoptez des croyances irrationnelles en B dans la structure de l'ABC, vous avez tendance à ne pas être objectif en C. Ces pensées négatives en C sont connues sous les termes de « conséquences cognitives ». Si vous avez tendance à éprouver fréquemment de la jalousie maladive dans vos relations, vous êtes porté à ramener vos croyances irrationnelles aux situations en A. Lorsque cela se produit, vous avez aussi tendance à ramener vos conséquences cognitives aux inférences que vous avez faites en A. Cela signifie que vos inférences en A sont hautement faussées par vos conséquences cognitives. C'est particulièrement le cas lorsque les situations auxquelles vous faites face en A sont ambiguës.

Ainsi, lorsque vous êtes prédisposé à la jalousie maladive et que vous faites face à des événements qui sont potentiellement menaçants pour votre relation (ex. : vous voyez votre partenaire parler à un membre du même sexe que vous ou vous ne savez pas où se trouve votre partenaire), vos inférences sont faussées par presque toutes les tendances de pensées énumérées plus haut, soit :

- une attitude de défiance et de méfiance ;
- la pensée que votre partenaire a une attitude négative envers vous ;
- ne pas être objectif quant à l'attitude de votre partenaire ;
- ne pas être objectif quant à vos propres qualités ;
- considérer un membre du même sexe que vous comme un rival.

C'est comme si vous rameniez les événements influençant vos conclusions en A aux règles suivantes :

- Mon partenaire n'est pas digne de confiance en présence d'une personne du même sexe que moi ;

- Mon partenaire ne me considère pas comme une personne attirante, facile à aimer ou intéressante, et il trouvera sûrement une autre personne plus attirante, facile à aimer ou intéressante que moi ;

- Mon partenaire me rejettera, me trahira ou me ridiculisera sûrement ;

- J'ai beaucoup moins à offrir à mon partenaire que cette autre personne ;

- Toutes les personnes du même sexe que moi ont des comportements de prédateurs et elles essaieront de me voler mon partenaire.

Si vous êtes prédisposé à la jalousie maladive, la présence de ces règles, qui sont inventées par vos croyances irrationnelles décrites plus tôt (cf. pages 43-50), explique pourquoi vous vous sentez si menacé dans vos relations. En effet, si vous y êtes prédisposé, vous avez tendance à voir partout des menaces pour votre relation, même si, d'une manière objective, il n'en existe aucune. Pour maîtriser votre jalousie maladive, il vous faut modifier ces règles et les croyances irrationnelles amenant ces règles.

Lorsque vous êtes prédisposé (ou non) à la jalousie maladive

Lorsque vous éprouvez de la jalousie maladive, il est important pour vous de déterminer quelle forme de prédisposition à cette émotion destructrice est la vôtre.

Dans des situations particulières, si vous n'éprouvez que très rarement de la jalousie maladive, vous pouvez alors dire que vous n'y êtes pas particulièrement prédisposé. Dans le cas contraire, si vous éprouvez fréquemment de la jalousie maladive, vous pouvez alors dire que vous y êtes prédisposé.

LES INFÉRENCES

Si vous n'êtes pas particulièrement prédisposé à la jalousie maladive, vous avez tendance à ne l'éprouver que lorsqu'il y a une preuve évidente qu'une autre personne représente une menace pour votre relation (ex. : si vous surprenez votre partenaire au lit avec une autre personne ou si vous surprenez votre partenaire en tête à tête avec une autre personne, alors qu'il prétendait rendre visite à sa mère). Vous n'éprouvez cependant aucune jalousie maladive lorsque votre partenaire, par exemple, converse avec une personne du même sexe que vous à une réception mondaine ou même lorsqu'il danse avec une autre personne du même sexe que vous à une petite fête, à moins que vous ne possédiez une preuve évidente qu'il s'intéresse romantiquement ou sexuellement à l'une d'elles. Vous acceptez sans réserve le contact de votre partenaire avec un membre du même sexe que vous, et si vous avez des doutes, vous ne les considérez pas comme des faits. Vous vérifiez plutôt vos doutes auprès de votre partenaire, et vous avez tendance à croire ce qu'il vous dit si ses explications correspondent aux données que vous possédez.

Par exemple, un jour, Ralph, qui n'est pas particulièrement prédisposé à la jalousie maladive, rencontre par hasard sa petite amie au restaurant en compagnie d'un autre homme. Lorsque, plus tard, il lui demande ce qu'elle faisait, elle lui répond qu'elle dînait avec un de ses clients qui voulait discuter de certaines ententes commerciales. Ralph la croit.

Cependant, si Ralph continue de rencontrer sa petite amie dans des situations inopinées avec le même homme ou avec d'autres hommes, il éprouvera probablement de la jalousie maladive, en partie parce qu'il commencera à songer que sa relation est menacée par une troisième personne ou par plusieurs personnes. Par conséquent, si vous n'êtes pas particulièrement prédisposé à la jalousie maladive, vous avez tendance à laisser le bénéfice du doute à votre partenaire à quelques reprises, mais vous ne le ferez pas indéfiniment. Après un certain temps, vous commencerez à douter de votre partenaire.

Cependant, comme je l'ai souligné plus tôt, si vous êtes prédisposé à la jalousie maladive, vous avez tendance à voir partout des menaces pour votre relation.

LES RÈGLES

Si vous n'êtes pas particulièrement prédisposé à la jalousie maladive, vous n'avez pas la même série de règles qu'une personne qui l'est. Vous avez plutôt la série de règles suivante :

- Mon partenaire est digne de confiance en présence d'une personne du même sexe que moi, mais je ne rejette pas la possibilité qu'à un certain moment, il me prouve qu'il est pas digne de confiance ;

- Mon partenaire me trouve attirante, facile à aimer ou intéressante, et il peut trouver une autre personne plus attirante, facile à aimer ou intéressante que moi ;

- Mon partenaire ne me rejettera pas, ne me trahira pas ou ne me ridiculisera pas, mais je ne peux rejeter la possibilité qu'il le fasse un jour ;

- J'ai autant, et probablement encore plus, à offrir à mon partenaire que toute autre personne ;

- Quelques personnes ont des comportements de prédateurs et elles essaieront de me voler mon partenaire, mais la plupart ne le feront pas.

Cette série de règles plus souples signifie que vous ne percevez pas une menace pour votre relation à moins qu'elle ne soit clairement présente. Comparez les règles mentionnées ci-dessus à celles d'une personne prédisposée à la jalousie maladive. Je les ai déjà énumérées à la page 80, mais je les répète pour que vous puissiez comparer ces deux formes de règles. En faisant cet exercice, vous comprendrez aisément pourquoi une personne prédisposée à la jalousie maladive déduit beaucoup plus facilement qu'il existe une menace pour sa relation que la personne qui ne l'est pas.

- Mon partenaire n'est pas digne de confiance en présence d'une personne du même sexe que moi ;

- Mon partenaire ne me considère pas comme attirante, facile à aimer ou intéressante, et il trouvera sûrement une autre personne plus attirante, facile à aimer ou intéressante que moi ;

- Mon partenaire me rejettera, me trahira ou me ridiculisera sûrement;

- J'ai beaucoup moins à offrir à mon partenaire que cette autre personne;

- Toutes les personnes du même sexe que moi ont des comportements de prédateurs et elles essaieront de me voler mon partenaire.

LES CROYANCES IRRATIONNELLES

Lorsque vous n'êtes pas particulièrement prédisposé à la jalousie maladive et que vous ressentez une émotion destructrice, c'est probablement parce que vous faites face à une situation où une autre personne devient une menace pour votre relation avec votre partenaire, et vous le faites parce que vous adoptez des croyances irrationnelles propres à cette situation.

Cependant, si vous êtes prédisposé à la jalousie maladive, vous adoptez une série de croyances irrationnelles générales à propos d'un nombre plus élevé de situations qu'une personne qui n'y est pas prédisposée.

LES ÉMOTIONS NÉGATIVES MALSAINES

Plus tôt, je mentionnais que, d'un certain point de vue, la jalousie maladive est un mélange d'émotions comprenant l'anxiété, la colère malsaine, la douleur, la dépression et la honte. De ce point de vue, si vous y êtes prédisposé, vous ressentez alors des émotions négatives malsaines plus fréquemment que si vous n'y êtes pas particulièrement prédisposé. Et si vous n'y êtes pas particulièrement prédisposé, vous ressentez quand même ces émotions lorsque vous éprouvez de la jalousie maladive, mais vous les ressentez moins fréquemment et avec moins d'intensité que si vous y êtes prédisposé.

LES TENDANCES À L'ACTION ET LE COMPORTEMENT

Aux pages 60 à 74, j'ai examiné comment une personne tend à agir lorsqu'elle éprouve de la jalousie maladive. En particulier, j'ai mentionné les actions et les tendances à l'action suivantes :

- surveiller continuellement ;
- questionner constamment ;
- vérifier constamment ;
- tendre des pièges ;

- imposer des restrictions à son partenaire ;
- se venger ;
- punir son partenaire ;
- punir son rival.

Lorsque vous n'êtes pas particulièrement prédisposé à la jalousie maladive, vous avez tendance à agir de ces façons si vous éprouvez vraiment de la jalousie maladive, mais vous ne le faites que lorsqu'il est clair que vous faites face à une menace pour votre relation, qui est représentée par une troisième personne. Lorsque vous êtes prédisposé à la jalousie maladive, vous avez donc beaucoup plus souvent tendance à vous comporter de ces façons parce que vous pensez beaucoup plus souvent qu'il existe une pour envers votre relation.

En travaillant en *counselling* avec des clients éprouvant de la jalousie maladive, j'ai constaté qu'une personne plus particulièrement prédisposée à une émotion destructrice réagit par ces actions de manière beaucoup plus compulsive qu'une personne qui n'y est pas prédisposée.

LES CONSÉQUENCES RATIONNELLES DE LA JALOUSIE MALADIVE

Plus tôt, j'ai démontré que, lorsque vous éprouvez de la jalousie maladive, vous avez tendance :

- à être méfiant et soupçonneux envers votre partenaire ;
- à penser que votre partenaire a une attitude négative envers vous ;
- à considérer le comportement de votre partenaire comme étant négatif ;
- à être négatif quant à vos relations futures ;
- à être négatif quant à vos propres qualités ;
- à considérer un membre du même sexe que vous comme un rival.

Lorsque vous n'êtes pas particulièrement prédisposé à la jalousie maladive, vous avez tendance à penser comme ci-dessus si vous éprouvez vraiment de la jalousie maladive, mais, étant donné que vous ne l'éprouvez que dans le cas où l'évidence est claire qu'une autre personne représente une menace pour votre relation avec votre partenaire, vous ne pensez pas fréquemment comme cela. Cependant, lorsque vous êtes prédisposé à la jalousie maladive, vous pensez alors comme cela beaucoup plus fréquemment, parce que vous percevez partout des menaces pour votre relation. Lorsque vous y êtes prédisposé, votre ligne de pensée est aussi beaucoup moins réaliste et beaucoup plus générale que si vous n'y êtes pas prédisposé.

Par exemple, lorsque vous considérez certains membres du même sexe que vous comme des rivaux, vous penserez que beaucoup plus de personnes constituent des menaces lorsque vous êtes prédisposé à la jalousie maladive que quand vous ne l'êtes pas. Comme pour le cas précédent, vous avez aussi tendance à percevoir les menaces représentées par des tierces personnes comme étant plus sérieuses que si vous n'y étiez pas prédisposé.

En conclusion, les différences entre une personne prédisposée à la jalousie maladive et celle qui ressent très peu souvent cette émotion destructrice sont énumérées ci-dessous.

1 La première personne perçoit la menace pour sa relation avec son partenaire, laquelle menace est fréquemment représentée par un membre du même sexe qu'elle, et souvent en l'absence de preuve tangible, tandis que la deuxième personne ne perçoit une telle menace que s'il est évident qu'elle existe.

2 La première établit une série de règles qui aident à expliquer pourquoi elle perçoit une menace pour sa relation, tandis que la deuxième établit une série de règles très différentes et plus souples, ce qui signifie qu'elle n'est pas prédisposée à voir une menace pour sa relation à moins d'avoir des preuves tangibles de son existence.

3 La première adopte une série de croyances irrationnelles générales reliées à la jalousie maladive qui entraîne le développement des règles mentionnées précédemment et qui aide à expliquer pourquoi la perception d'une menace pour sa relation est si facile, tandis que la deuxième adopte des croyances irrationnelles propres à une menace tangible.

4 La première ressent d'autres émotions négatives malsaines, comme l'anxiété, la colère malsaine, la douleur,
la dépression et la honte, plus fréquemment et probablement avec une plus grande intensité que la
deuxième.

5 Les deux personnes agissent d'une manière semblable lorsqu'elles sont maladivement jalouses, mais la
première le fera beaucoup plus souvent que la
deuxième à cause de sa plus grande tendance à
percevoir des menaces pour sa relation. La pre mière
a aussi tendance à être plus compulsive dans son
comportement relié à la jalousie maladive que
la deuxième.

6 Les deux personnes pensent aussi de la même
manière une fois qu'elles ont atteint le sentiment de
jalousie maladive, mais, une fois encore, la personne
prédisposée aux émotions destructrices en souffre
plus fréquemment que celle qui n'y est pas prédisposée. De plus, la pensée d'une personne du premier
groupe tend à être moins réaliste et plus générale
que celle d'une personne du deuxième groupe.

Ceci termine mon examen de l'ABC de la jalousie maladive.
Dans le prochain chapitre, j'analyserai la nature de ce que
l'on peut appeler une saine jalousie.

3

L'ABC de la saine jalousie

Notre langue contient les mots appropriés pour un bon nombre d'émotions négatives saines, c'est-à-dire les émotions qui sont négatives à la base, mais qui représentent une réponse émotive constructive à des événements déclencheurs négatifs. Par exemple, la honte est une émotion négative malsaine, mais pour décrire un sentiment de honte qui est sain, j'utiliserai le mot « déception ». De la même manière, nous devons faire la différence entre la colère malsaine et la colère saine pour décrire cette forme de colère qui, à la base, est un sentiment négatif, mais qui est aussi constructive par sa nature et ses conséquences, et qui peut être intense par rapport à un événement déclencheur très négatif.

Dans ce volume, j'établis une différence entre la jalousie maladive et la saine jalousie, parce que nous n'avons pas vraiment de mot pour décrire cette émotion ressentie lorsque nous faisons face à la menace que représente une troisième personne pour notre relation avec notre partenaire ; émotion qui est négative à la base et, encore une fois, constructive par sa nature et par ses effets. Tout au long du volume, j'utiliserai donc les termes « saine jalousie » pour décrire cette émotion. J'ai déjà utilisé les termes « jalousie maladive » pour décrire l'émotion ressentie lorsque nous faisons face (ou, plus souvent, lorsque nous pensons faire face) à une menace (représentée par une troisième personne) pour notre relation ; cette émotion est négative et destructrice à la base et par ses effets.

Ce qui nous fait ressentir une saine jalousie

Dans le chapitre précédent, j'ai expliqué que vous éprouvez de la jalousie maladive par rapport à une menace pour votre relation avec votre partenaire, cette menace étant représentée par une troisième personne, qui est habituellement, mais pas toujours, un membre du même sexe que vous. Dans la structure de l'ABC, cette menace se situe en A (ou événement déclencheur). Puisqu'une saine jalousie peut être ressentie exactement dans la même situation, vous ne pouvez faire la différence entre la saine jalousie et la jalousie maladive (qui se situe en C dans la structure de l'ABC) en ne jetant qu'un coup d'œil aux raisons qui nous font ressentir l'une ou l'autre. Avec la PCER, nous disons que nous ne pouvons comprendre le C seulement en mentionnant le A.

Cela dit, vous ressentez probablement une saine jalousie lorsque vous faites face à une menace réellement pour votre relation plutôt qu'à une menace imaginaire. Dans ce cas, une personne qui a tendance à ressentir une saine jalousie ressemble davantage à une personne qui éprouve une jalousie maladive mais qui n'y est pas particulièrement prédisposée qu'à celle qui y est prédisposée.

Quelle est la nature de la menace d'une saine jalousie ? Exactement la même que pour la jalousie maladive, mais avec une différence importante : lorsque vous ressentez une saine jalousie, la plupart du temps vous avez une preuve tangible de l'existence de la menace, tandis qu'avec la jalousie maladive, et particulièrement si vous y êtes prédisposé, la menace existe plus dans votre imagination que dans la réalité. Il existe donc quatre facettes à la nature de la menace d'une saine jalousie.

1 Vous possédez une preuve tangible qu'une autre personne vous remplacera bientôt auprès de votre partenaire et que ce dernier vous quittera pour cette autre personne.

2 Vous possédez une preuve tangible que votre partenaire trouve une autre personne plus attirante que vous, et, même si vous ne pensez pas qu'il vous quittera pour cette dernière, vous considérez la perte de votre statut de personne la plus importante dans sa vie. Bien qu'ici vous ne soyez pas menacé par l'intérêt de votre partenaire envers cette autre personne, vous vous sentez menacé par le fait que vous ne serez plus la personne la plus importante dans sa vie.

3 Il est important pour vous que votre partenaire s'intéresse seulement à vous, et vous vous sentez menacé par tout intérêt sérieux qu'il peut démontrer envers une autre personne. Ici, bien que l'exclusivité soit importante pour vous, vous ne pensez pas nécessairement que votre partenaire vous quittera.

4 Il est important que personne ne démontre d'intérêt sérieux envers votre partenaire, et vous vous sentez menacé par un tel intérêt. Encore une fois, vous vous concentrez sur une autre personne plutôt que sur votre partenaire.

Puisqu'une saine jalousie n'est généralement ressentie qu'en relation avec des menaces réelles (c'est-à-dire des menaces pour votre relation pour lesquelles vous possédez une preuve tangible), vous avez moins de chance de ressentir cette saine émotion en ce qui concerne des menaces futures qu'en ce qui concerne des menaces présentes et passées, puisque les menaces futures sont supposées, donc vous n'avez aucune preuve. Lorsque vous êtes prédisposé à la jalousie maladive, vous pouvez ressentir cette émotion malsaine, et souvent vous la ressentez, à propos de menaces possibles pour votre relation qui viendraient de personnes que votre partenaire n'a même pas encore rencontrées.

Pourquoi nous éprouvons une saine jalousie

J'ai déjà dit qu'une personne éprouve de la jalousie maladive à propos d'une menace réelle, représentée par une tierce personne, pour une relation qui lui est importante. Cependant, il est encore une fois important de mentionner que ce qui nous fait ressentir une saine jalousie n'est pas la même chose que ce pourquoi nous la ressentons. J'utiliserai de nouveau la partie ABC de la structure de l'ABCDEFG pour expliquer ce que je veux dire.

Si vous vous rappelez, le A représente un événement déclencheur (*Activating*) réel ou supposé, le B représente les croyances (*Beliefs*) à propos de cet événement déclencheur, et le C représente les conséquences émotionnelles, comportementales et rationnelles des croyances à propos du A. Si l'on applique la partie ABC de la structure entière, cela signifie que, lorsque vous ressentez une saine jalousie (en C) à propos d'une menace réelle (ou supposée) pour votre relation (en A), cette réaction saine n'est pas le résultat de la menace elle-même, elle est plutôt le résultat des croyances que vous adoptez à propos de cette menace.

En d'autres mots, le C n'est pas seulement déterminé par le A. En fait, ce sont vos croyances à propos du A qui déterminent en grande partie le C. Comme je le mentionnais au chapitre 2, cela ne veut pas dire que le A n'a aucun rapport; loin de là. Lorsqu'il n'existe aucune menace pour votre relation, vous ne ressentez pas alors de saine jalousie. Cela signifie que la seule existence d'une menace pour votre relation ne justifie pas votre sentiment de saine jalousie. Pour éprouver un sentiment de saine jalousie, vous devez avoir adopté une série de croyances rationnelles à propos de cette menace.

Je vais résumer ce point.

1 Faire face à une menace pour sa relation est une condition nécessaire pour ressentir une saine jalousie, mais cela ne suffit pas pour provoquer cet état émotionnel.

2 Faire face à une menace pour sa relation en plus d'adopter une série de croyances rationnelles sont des conditions nécessaires et suffisantes pour ressentir une saine jalousie.

Après avoir affirmé que le facteur déterminant d'un sentiment de saine jalousie est une série de croyances rationnelles à propos d'une menace à laquelle vous faites face dans votre relation, j'examinerai plus en détail la nature de ces croyances rationnelles. Vous vous souviendrez qu'au chapitre 1, la PCER met l'accent sur ces quatre croyances : les préférences totales,

les croyances qui nous permettent d'éviter d'aggraver les faits, les croyances qui augmentent notre tolérance à la frustration (ATF) et les croyances d'acceptation, où une personne s'accepte elle-même, accepte les autres et les conditions de vie. Bien que ces quatre croyances rationnelles soient interconnectées, je les traiterai une à la fois. Je commencerai par les préférences totales parce qu'Albert Ellis, le fondateur de la psychothérapie comportementale émotive rationnelle, soutient que les croyances rationnelles sont le cœur même de la santé psychologique, qui inclut le sentiment de saine jalousie ; viennent ensuite les préférences totales, qui en sont le noyau.

LES PRÉFÉRENCES TOTALES

Avoir des préférences totales est à la base même d'une variété d'émotions négatives saines, et c'est certainement le cas pour le sentiment de saine jalousie. Chaque préférence totale comporte deux caractéristiques importantes : l'affirmation de cette préférence et la compréhension que cette préférence ne sera pas nécessairement satisfaite. Si seule la première caractéristique est présente, il est alors facile de transformer ce que j'appelle une préférence partielle en une demande ferme. Par exemple, si votre croyance est la suivante : « J'aimerais mieux que mon partenaire ne s'intéresse qu'à moi, mais il n'existe aucune raison l'empêchant d'être intéressé par quelqu'un d'autre », cette croyance est une préférence totale, parce qu'elle affirme ce que vous voulez (c'est-à-dire «j'aimerais mieux que mon partenaire ne s'intéresse qu'à moi»), et vous reconnaissez que cette préférence ne sera pas nécessairement satisfaite (c'est-à-dire «mais il n'existe aucune raison l'empêchant d'être intéressé par quelqu'un d'autre»). Lorsque vous n'affirmez que la préférence partielle (ex.: «j'aimerais mieux que mon partenaire ne s'intéresse qu'à moi»), alors il vous est facile de transformer cette préférence partielle en une demande ferme (ex.: «j'aimerais mieux que mon partenaire ne s'intéresse qu'à moi, et, par conséquent, il ne doit s'intéresser à personne d'autre»).

Voici plusieurs exemples des principales préférences totales causant une saine jalousie.

«J'aimerais mieux que mon partenaire ne s'intéresse qu'à moi, mais il n'existe aucune raison l'empêchant de s'intéresser à quelqu'un d'autre.»

«Je conçois que mon partenaire trouve une autre personne attirante, et, bien que je veuille qu'il me trouve plus attirante que n'importe qui d'autre, cela ne veut pas dire qu'il ne trouvera pas une autre personne plus attirante que moi.»

« J'aimerais mieux avoir été la seule personne dont mon partenaire a été amoureux, mais ce n'est pas nécessaire qu'il en soit ainsi. »

« J'aimerais avoir la certitude que mon partenaire n'est pas en compagnie d'une autre personne du même sexe que moi, mais il n'est pas nécessaire que j'aie cette certitude. »

« J'aimerais avoir la certitude que mon partenaire ne pense pas à une autre personne du même sexe que moi, mais une telle certitude ne m'est pas nécessaire. »

« J'aimerais mieux que mon partenaire ne participe à aucune activité exclusive à notre relation, avec une autre personne du même sexe que moi, mais il n'est pas nécessaire que cette préférence soit satisfaite. »

« J'aimerais mieux qu'aucune autre personne du même sexe que moi ne démontre d'intérêt envers mon partenaire, mais il n'est pas nécessaire que ce soit le cas. »

LES CROYANCES QUI NOUS PERMETTENT D'ÉVITER D'AGGRAVER LES FAITS

Une croyance qui nous permet d'éviter d'aggraver les faits est une évaluation souple d'une méchanceté, laquelle évaluation laisse place à des choses pires. Selon Albert Ellis, une telle croyance provient de la préférence totale d'une personne. Je vais repasser la liste d'exemples que j'ai énumérés lorsque j'ai examiné les préférences totales et vous démontrer comment ces croyances s'intègrent dans l'ensemble.

« J'aimerais mieux que mon partenaire ne s'intéresse qu'à moi, mais il n'existe aucune raison l'empêchant de s'intéresser à quelqu'un d'autre. S'il s'intéressait à quelqu'un d'autre, ce serait fâcheux, mais pas terrible. »

« Je permets à mon partenaire de trouver une autre personne attirante, et, bien que je veuille qu'il me trouve plus attirante que n'importe quelle autre personne, cela ne veut pas dire qu'il ne doit pas en trouver une plus attirante que moi. S'il arrivait qu'il en trouve une plus attirante que moi, ce serait dommage, mais ce ne serait pas affreux. »

« J'aimerais mieux être la seule personne dont mon partenaire a été amoureux, mais ce n'est pas nécessaire qu'il en soit ainsi. S'il avait été amoureux avant, je n'apprécierais pas beaucoup, mais ce ne serait pas terrible.»

«J'aimerais avoir la certitude que mon partenaire n'est pas en compagnie d'une autre personne du même sexe que moi, mais il n'est pas nécessaire que j'aie cette certitude. Ne pas savoir est difficile, mais pas terrible.»

«J'aimerais avoir la certitude que mon partenaire ne pense pas à une autre personne du même sexe que moi, mais une telle certitude ne m'est pas nécessaire. C'est malheureux que je ne sache pas si mon partenaire pense à une autre personne, mais ne pas savoir cela ne veut pas nécessairement dire que c'est la fin du monde.»

«J'aimerais mieux que mon partenaire ne participe à aucune activité exclusive à notre relation, avec une autre personne du même sexe que moi, mais il n'est pas nécessaire que ma préférence soit satisfaite. S'il participait à de telles activités avec une autre personne, ce serait malheureux, mais pas nécessairement terrible.»

«J'aimerais mieux qu'aucune autre personne du même sexe que moi ne démontre d'intérêt envers mon partenaire, mais il n'est pas nécessaire que ce soit le cas. Si une autre personne démontrait de l'intérêt envers mon partenaire, ce serait une mauvaise expérience, mais quand même pas terrible.»

LES CROYANCES QUI AUGMENTENT NOTRE TOLÉRANCE À LA FRUSTRATION (ATF)

Les croyances qui augmentent la tolérance à la frustration (ATF) nous indiquent que la personne qui les entretient croit qu'elle est capable de tolérer un événement particulier, et que cela vaut la peine de le tolérer. Encore une fois, M. Ellis affirme que les croyances ATF proviennent des préférences totales, comme il est démontré ci-dessous.

« J'aimerais mieux que mon partenaire ne s'intéresse qu'à moi, mais il n'existe aucune raison l'empêchant de s'intéresser à quelqu'un d'autre. S'il s'intéressait à une autre personne, ce serait difficile à tolérer, mais je le pourrais. »

« Je permets à mon partenaire de trouver une autre personne du même sexe que moi attirante, et, bien que je veuille qu'il me trouve plus attirante que n'importe qui d'autre, cela ne veut pas dire qu'il ne peut trouver une autre personne plus attirante que moi. S'il arrivait qu'il en trouve une plus attirante que moi, je serais à peine capable de le tolérer, mais je le pourrais. »

« J'aimerais mieux avoir été la seule personne dont mon partenaire a été amoureux, mais ce n'est pas nécessaire qu'il en soit ainsi. Si cela n'était pas le cas, ce serait difficile, mais je pourrais le supporter. »

« J'aimerais avoir la certitude que mon partenaire n'est pas en compagnie d'une autre personne du même sexe que moi, mais il n'est pas nécessaire que j'aie cette certitude. Ne pas savoir serait difficile à supporter, mais je le pourrais. »

« J'aimerais avoir la certitude que mon partenaire ne pense pas à une autre personne du même sexe que moi, mais une telle certitude ne m'est pas nécessaire. Je pourrais supporter de ne pas savoir si mon partenaire pense à une autre personne du même sexe que moi, mais ce serait difficile. »

« J'aimerais mieux que mon partenaire ne participe à aucune activité exclusive à notre relation, avec une autre personne du même sexe que moi, mais il n'est pas nécessaire que ma préférence soit satisfaite. S'il participait à une telle activité avec une autre personne du même sexe que moi, je m'efforcerais de le tolérer. »

« J'aimerais mieux qu'aucune autre personne du même sexe que moi ne démontre d'intérêt envers mon partenaire, mais il n'est pas nécessaire que ce soit le cas. Si une autre personne en démontrait, ce serait difficile, mais je le supporterais. »

LES CROYANCES D'ACCEPTATION

Les croyances d'acceptation impliquent la reconnaissance de votre part que vous et les autres personnes êtes trop complexes pour mériter une cote globale négative, bien qu'une partie de vous et des autres puisse être cotée. Encore une fois selon M. Ellis, les croyances d'acceptation proviennent des préférences totales (comme il est démontré ci-dessous).

« J'aimerais mieux que mon partenaire ne s'intéresse qu'à moi, mais il n'existe aucune raison l'empêchant de s'intéresser à quelqu'un d'autre. S'il s'intéressait à une autre personne, cela ne voudrait pas dire que je suis indigne. Je peux m'accepter, qu'il s'intéresse ou non à une autre personne. »

« Je permets à mon partenaire de trouver une autre personne attirante, et, bien que je veuille qu'il me trouve plus attirante que n'importe qui d'autre, cela ne veut pas dire qu'il ne peut pas trouver une autre personne plus attirante que moi. S'il trouvait une personne plus attirante que moi, cela ne voudrait pas dire que je suis moins digne que cette autre personne. Nous serions égales, mais différemment attrayantes aux yeux d'une même personne. »

« J'aimerais mieux avoir été la seule personne dont mon partenaire a été amoureux, mais ce n'est pas nécessaire qu'il en soit ainsi. S'il avait été amoureux avant, cela ne voudrait pas dire que je suis moins facile à aimer que l'autre personne. Que l'on puisse m'aimer n'est pas seulement défini par le fait que je suis ou non la seule personne dont mon partenaire a été amoureux. »

« J'aimerais mieux que mon partenaire ne participe à aucune activité exclusive à notre relation, avec une personne du même sexe que moi, mais il n'est pas nécessaire que ma préférence soit satisfaite. S'il participait à une telle activité avec une autre personne du même sexe que moi, certaines personnes penseraient qu'il me ridiculise, mais elles auraient tort. Je peux m'accepter comme je suis, un être humain faillible, même si d'autres personnes en sont incapables. »

« J'aimerais mieux qu'aucune autre personne du même sexe que moi ne démontre d'intérêt envers mon partenaire, mais il n'est pas nécessaire que ce soit le cas. Si une autre personne en démontrait, elle ne serait pas ignominieuse. Elle serait plutôt un être humain faillible qui fait quelque chose que je désapprouve. »

Donc, selon cette analyse, une menace pour notre relation (réelle ou supposée), et représentée par une troisième personne, n'explique pas, à elle seule, pourquoi nous ressentons une saine jalousie. En fait, nous la ressentons parce que nous adoptons une ou plusieurs croyances rationnelles à propos d'une telle menace.

Une saine jalousie et les autres émotions négatives saines

Jusqu'à maintenant, j'ai considéré la saine jalousie comme une émotion en elle-même. En utilisant la partie ABC de la structure de l'ABCDEFG, j'ai démontré ce qui suit :

A = Menace réelle (ou supposée) pour notre relation, et représentée par une troisième personne ;

B = Croyance rationnelle (préférence totale, croyance qui nous permet d'éviter d'aggraver les faits, croyance qui augmente notre tolérance à la frustration, croyance d'acceptation) ;

C = Saine jalousie.

Comme je le mentionnais au chapitre 2, dans le domaine de la psychologie, il existe une autre opinion selon laquelle une saine jalousie n'est pas une seule émotion. Elle est plutôt un mélange complexe de différentes émotions. En poursuivant donc avec cette opinion, j'examinerai les émotions négatives saines qui forment une saine jalousie. J'examinerai ainsi l'inquiétude, la colère saine, le chagrin, la tristesse et la déception, puisqu'elles semblent être les émotions les plus importantes de la saine jalousie. En élaborant sur ces saines émotions, je reviendrai aux exemples que j'ai mentionnés aux pages 52 à 59, et j'examinerai ces exemples comme si la personne concernée avait ressenti des émotions négatives saines plutôt que les émotions négatives malsaines qu'elle a vraiment éprouvées.

L'INQUIÉTUDE

Quand vous ressentez une saine jalousie, vous êtes inquiet lorsqu'une menace réelle pour votre relation se présente. En étant inquiet plutôt qu'anxieux, vous n'êtes pas constamment à l'affût de signes démontrant que votre partenaire s'intéresse à une autre personne ou qu'une autre personne s'intéresse à votre partenaire. De plus, vous ne percevez pas une menace dans le moindre échange innocent entre votre partenaire et un membre du même sexe que vous. En étant inquiet, vous êtes vigilant lorsque vous constatez clairement que votre partenaire s'intéresse à une autre personne ou qu'une autre personne s'intéresse à lui. À moins qu'une menace pour votre relation ne se pointe clairement à l'horizon, vous êtes en mesure de vous relaxer lorsque vous accompagnez votre partenaire dans un groupe mixte. Vous êtes aussi en mesure de vous relaxer lorsque vous n'êtes pas en sa compagnie, parce que vous lui faites fondamentalement confiance, à moins bien sûr que vous n'ayez une bonne raison de ne pas lui faire confiance.

Si vous vous rappelez le cas de Marion, discuté aux pages 52 et 53, le résultat de la jalousie de Marion est qu'elle et son mari, Vic, passent très peu de temps en compagnie d'autres personnes (parce que Marion croit qu'elle ne pourrait supporter l'idée que Vic regarde une autre femme ou lui parle), et Vic ne s'éloigne presque jamais de Marion (parce que Marion croit qu'elle ne pourrait supporter l'idée que Vic soit dans la même pièce qu'une autre femme). Cependant, même dans leur propre maison, le fait d'être avec Vic ne diminue pas l'anxiété de Marion. Par exemple, lorsqu'ils regardent la télévision, elle est constamment nerveuse à l'idée de voir apparaître une femme attirante au petit écran. Lorsque chacun d'eux lit un livre, elle est encore plus anxieuse à l'idée que Vic tombe sur une scène aguichante et qu'il souhaite être avec la femme du livre plutôt qu'avec elle. Elle est anxieuse lorsqu'ils ne font rien parce qu'elle imagine que Vic peut se mettre à penser à une femme attirante, et elle est aussi anxieuse d'aller au lit en imaginant que Vic peut rêver à une autre femme. Même lorsqu'ils font l'amour, elle ne peut se détendre parce qu'elle a peur que Vic pense à une autre femme.

Si Marion ressentait plutôt une saine jalousie, sa vie et celle de Vic seraient bien différentes. D'abord, ils seraient en mesure de fréquenter d'autres personnes, parce que Marion serait capable de tolérer la possibilité que Vic regarde d'autres femmes et leur parle, et elle ne percevrait pas leurs gestes comme des menaces pour sa relation avec Vic, à moins qu'elle n'ait des raisons tangibles de s'inquiéter.

Puis Vic serait en mesure de passer du temps loin de Marion, parce qu'elle ne trouverait pas menaçante l'idée qu'il se trouve dans la même pièce qu'une autre femme. Chez eux, Marion serait en mesure de se relaxer avec Vic, même en regardant la télévision et en voyant une femme attirante à l'écran, puisqu'elle ne sauterait pas immédiatement à la conclusion que Vic trouve cette femme plus attirante qu'elle et, même s'il s'avérait qu'il le pense, Marion aurait tendance à conclure que cela ne veut pas dire qu'il la quitterait à la première occasion. En plus, Marion serait à l'aise avec l'idée que Vic lit un livre, même si ce dernier contient une scène sexuelle puisque, encore une fois, elle n'en conclurait pas qu'il aimerait mieux être avec la femme du livre qu'avec elle. Si Marion éprouvait une saine jalousie, elle serait en mesure de se détendre quand ils font l'amour, parce qu'elle ne se concentrerait pas sur l'idée que Vic puisse penser à une autre femme à ce moment-là.

Ce scénario révisé démontre assez clairement que, lorsque vous êtes sainement jaloux, vous êtes inquiet à propos de la possibilité de l'existence d'une menace pour votre relation, mais l'anxiété ne vous accompagne pas constamment. Les sentiments d'inquiétude générant une partie des émotions complexes d'une saine jalousie comportent trois éléments importants :

1 La réelle menace pour ce qui est important à vos yeux ;

2 La préférence que la menace n'existe pas, mais pas l'insistance dogmatique qu'elle ne doit pas exister ;

3 L'idée qu'il serait malheureux, mais pas terrible, que la menace se concrétise.

Les deux derniers éléments indiquent que vous prendrez en considération une menace pour votre relation seulement si elle existe vraiment.

LA COLÈRE SAINE

La colère saine est une autre émotion faisant partie d'une saine jalousie. Dans le chapitre 2, j'ai démontré qu'une personne qui éprouve une colère saine tente de faire face à des situations qu'elle n'aime pas d'une façon qui démontre son respect envers l'autre personne, tandis que la colère malsaine implique l'imposition de sa volonté à l'autre personne, d'une manière qui la condamne.

Si une personne éprouvant fréquemment de la jalousie mala-dive possède souvent des règles qu'une autre personne (en particulier son partenaire) doit adopter, dans le cas de la saine jalousie, les règles sont beaucoup plus souples. Vous avez pro-bablement une série de préférences quant à la façon d'agir de votre partenaire et d'autres personnes, mais vous n'exigez pas qu'ils agissent de cette façon.

Vous vous rappellerez qu'aux pages 54 et 55, j'ai mentionné la situation de Bernadette et de Paul. Ils sortent quelquefois prendre un verre au bar de leur quartier, et Bernadette, qui, depuis longtemps, éprouve de la jalousie maladive, a établi une règle selon laquelle Paul a tort de regarder une autre femme dans la brasserie lorsqu'il est avec elle. Bernadette se met dans une colère malsaine et insiste pour que Paul obéisse à cette règle et, quand elle croit qu'il transgresse cette règle, elle l'accable d'injures mêlées d'accusations ressemblant plus à un interrogatoire.

« Comment oses-tu lorgner cette femme, alors que tu sais que je n'aime pas ça ? La dernière fois que nous sommes sor-tis, je t'ai dit que cela me blessait. Pourquoi me fais-tu cela ? Paul, tu es réellement salaud. Je sais que tu aimerais mieux être avec elle plutôt qu'avec moi. Mais pourquoi dois-tu le montrer comme ça ? »

Imaginons maintenant que Bernadette ressente une colère saine plutôt que cette forme malsaine. Quelle est la différence ? Elle aimerait toujours mieux que Paul ne regarde aucune autre femme lorsqu'ils vont à la brasserie, mais elle ne l'exige pas. Puisque sa croyance en ce qui a trait au comportement de Paul est souple et non ferme, elle ne porte pas autant d'attention au fait qu'il jette un coup d'œil aux autres femmes, mais elle est en mesure de faire la distinction s'il lui apparaît clair qu'il les lorgne.

S'il lorgne une autre femme, elle l'affronte sainement de la façon suivante :

« Paul, j'aimerais mieux que tu ne lorgnes plus les autres femmes lorsque nous sommes ensemble. Ce que tu fais de ton temps libre te concerne, mais, s'il te plaît, peut-on s'entendre que, lorsque nous sortons ensemble, tu ne fais pas ça ? »

Notez la différence entre ce que Bernadette dit ici et ce qu'elle a dit lorsqu'elle ressentait de la colère malsaine. Avec le sentiment de colère saine, Bernadette restreint ses commentaires à la situation présente et ne fait pas d'inférences en imaginant que Paul aimerait mieux être en compagnie d'une autre femme.

Elle mentionne à Paul qu'elle n'aime pas son comportement et demande qu'il le change. Notez également qu'elle ne condamne pas Paul en tant que tel. Alors que, lorsque Bernadette ressentait une colère malsaine, elle déduisait que Paul aurait mieux aimé être avec une autre femme. En effet, elle présumait que c'était un fait plutôt qu'une hypothèse à vérifier. De plus, elle condamnait Paul et ne demandait pas, mais exigeait qu'il change de comportement.

La colère saine générant une partie des émotions complexes de la saine jalousie comporte trois éléments importants :

1 Une règle de conduite à suivre pour le partenaire ; cette règle impose le comportement (c'est-à-dire celui qu'on exige que le partenaire adopte) ou elle interdit le comportement (c'est-à-dire celui qu'on exige que le partenaire s'abstienne d'avoir). Cette règle est généralement beaucoup moins normative et prohibitive que celle de la jalousie maladive ;

2 Une préférence pour que le partenaire obéisse à cette règle, mais aussi une reconnaissance qu'il n'est pas obligé de s'y conformer ;

3 La manifestation d'une attitude ferme, assurée et non condamnatoire lorsque le partenaire enfreint cette règle.

LE CHAGRIN

Le chagrin étant une caractéristique de la saine jalousie, vous croyez que votre partenaire vous trahit, et vous considérez n'avoir rien fait pour mériter ce traitement injuste, mais vous adoptez une série de croyances rationnelles à propos de ce sort non mérité.

Revenons au cas de Peter et imaginons qu'il éprouve du chagrin plutôt que de la douleur. Si vous vous rappelez (cf. pages
56 et 57), j'ai mentionné que, dès que Peter et June sont
mariés, Peter démontre des signes de jalousie maladive. Peter
est sans emploi, tandis que June occupe un poste de professionnelle bien payé : une situation qui nourrit l'insécurité et la
jalousie maladive de Peter. Parce qu'il a beaucoup de temps
libre, Peter passe de longs moments seul à penser à tous les
hommes avec lesquels June flirte au travail. Lorsque June
revient du travail, Peter l'interroge sur ce qu'elle a fait de sa
journée et les personnages avec qui elle a parlé. Après
quelques minutes, June refuse de donner un compte-rendu
détaillé de ses communications à Peter, une situation à
laquelle Peter répond avec colère et ensuite avec douleur.
Peter ressent de la douleur parce qu'il considère le refus de
June de lui parler de sa journée comme un abus de confiance
non mérité. Lorsque cela se produit, Peter devient maussade
et boude June pendant des heures.

Si Peter ressentait du chagrin plutôt que de la douleur, il
demanderait quand même à June de lui raconter sa journée,
mais il n'exigerait pas un compte-rendu détaillé de ses con-
versations. Il prendrait peut-être encore le refus de June de lui
raconter sa journée comme un abus de confiance non mérité,
mais il serait chagriné plutôt que blessé. Par conséquent, plutôt que d'être maussade et de bouder, Peter ferait remarquer
à June qu'il a été seul toute la journée et qu'il lui semble

injuste qu'elle refuse de lui raconter sa journée. De cette façon, il exprimerait ses sentiments plutôt que de couper la communication entre eux.

Les sentiments de chagrin générant une partie des émotions complexes de la saine jalousie comportent trois éléments importants :

1 L'idée que votre partenaire vous trahit et que vous ne méritez pas ce traitement ;

2 La préférence que votre partenaire ne fasse pas une telle chose, mais avec la reconnaissance qu'il a le droit de réagir de cette manière injuste ;

3 La reconnaissance que vous êtes dans la situation du « pauvre moi », sans l'attitude qui l'accompagne.

LA TRISTESSE

La tristesse étant une caractéristique de la saine jalousie, vous avez tendance à vous concentrer sur l'idée que votre partenaire peut vouloir vous quitter pour quelqu'un d'autre et que, si cela se produisait, ce serait une triste perte, mais que vous pourriez vous accepter en tant qu'être humain faillible, plutôt que de vous percevoir comme une personne qu'on ne peut aimer et qui est indigne. De plus, vous ne présumez pas que vous aurez toujours des relations difficiles avec les personnes du sexe opposé.

Les sentiments de tristesse générant une partie des émotions complexes de la saine jalousie comportent trois éléments importants :

1 L'inférence que votre partenaire vous quittera peut-être pour une autre personne ;

2 La croyance que vous ne voulez pas que cela se produise, mais vous ne demandez pas que cela ne se produise pas ;

3 La croyance que vous êtes toujours un être humain faillible même si votre partenaire vous quitte pour une autre personne, chose que vous ne considérez pas comme inévitable. Si cela se produisait, vous ne présumeriez pas que vous allez inévitablement perdre tous vos futurs partenaires.

LA DÉCEPTION

La déception étant une caractéristique de la saine jalousie, vous êtes inquiet, mais pas trop, de ce que les autres penseraient de vous si vous perdiez votre partenaire. Si cela se produisait, vous vous accepteriez comme vous êtes et vous ne penseriez pas être une personne diminuée, tarée ou ignominieuse.

Si vous rappelez, aux pages 58 et 59, j'ai mentionné le cas de Karen, qui devient maladivement jalouse lorsque son petit ami du moment se met à discuter avec d'autres femmes au cours d'un événement mondain auquel assistent ses amis. Bien que

Karen considère ces femmes comme des menaces pour sa relation actuelle, elle est aussi préoccupée par le fait que son partenaire, comme elle le dit, se paye sa tête devant ses amis. Karen croit non seulement que son partenaire ne doit démontrer aucun intérêt envers un membre du même sexe qu'elle, mais en outre qu'il ne doit jamais exposer ce genre d'intérêt. Si cela se produisait, elle croit qu'elle serait ridiculisée aux yeux de ses amis.

Si Karen éprouvait de la déception plutôt que de la honte, elle n'aimerait toujours pas que son petit ami du moment parle à une autre femme au cours d'un événement mondain auquel participent ses amis, mais elle ne penserait pas nécessairement qu'il se paye sa tête devant ses amis. Elle aimerait mieux que son petit ami évite de faire cela, mais elle ne l'exigerait pas. S'il le faisait, elle ne considérerait pas cela comme une action la ridiculisant aux yeux de ses amis. Plutôt, elle s'accepterait comme elle est, même si ses amis pensent qu'on la ridiculise.

Lorsque la déception génère une partie des émotions complexes de la saine jalousie, elle comporte trois éléments:

1 Vous possédez des preuves tangibles que le comportement de votre partenaire envers une personne du même sexe que vous représente une menace pour votre relation, et vous pensez que ce comportement sera remarqué par d'autres personnes qui purraient considérer que cela vous ridiculise;

2 S'il devient évident que d'autres personnes ont une bien pauvre opinion de vous parce que votre partenaire vous a quitté pour une autre personne, et même si vous préféreriez qu'ils ne pensent pas de cette manière, vous ne demandez pas qu'ils changent d'opinion ;

3 Vous ne croyez pas être ridiculisé même si d'autres personnes le croient ; lorsque c'est le cas, vous vous acceptez plutôt tel que vous êtes par rapport à l'attitude négative des autres à votre endroit.

Ayant analysé les différentes émotions formant la réaction émotionnelle complexe connue sous le nom de saine jalousie, je vais maintenant poursuivre en examinant de quelle manière une personne réagit ou tend à réagir lorsqu'elle ressent une saine jalousie.

Comment vous réagissez (ou avez tendance à réagir) lorsque vous ressentez une saine jalousie

Dans le chapitre précédent, j'ai considéré comment une personne réagit ou tend à réagir lorsqu'elle est maladivement jalouse. En particulier, j'ai mentionné les actions et les tendances à l'action liées à la jalousie maladive :

- surveiller continuellement ;
- questionner constamment ;
- vérifier constamment ;

- tendre des pièges ;
- imposer des restrictions à son partenaire ;
- se venger ;
- punir son partenaire ;
- punir son rival.

Dans le même chapitre, j'ai démontré que la principale raison pour laquelle vous avez tendance à utiliser ces manières destructrices lorsque vous éprouvez de la jalousie maladive est que vous adoptez une série de croyances irrationnelles à propos de la menace à laquelle vous faites face (ou pensez faire face) pour votre relation avec votre partenaire. Jusqu'à maintenant, dans le présent chapitre, j'ai considéré la saine jalousie qui, comme vous l'avez constaté, provient d'une série de croyances rationnelles à propos d'une menace précise. Dans le cas de la jalousie maladive, le comportement destructeur naît d'une ligne de pensée irrationnelle ; dans le cas d'une saine jalousie, nous devrions donc trouver une série entière d'actions et de tendances à l'action plus constructives, ce qui, dans l'ensemble, est le cas.

VÉRIFIER VOS INFÉRENCES

Lorsque vous éprouvez de la jalousie maladive (et particulièrement si vous y êtes prédisposé), vous avez tendance à penser que votre relation est réellement menacée, précisément parce que c'est ce que vous pensez. Vous vous rappellerez qu'au chapitre 1, j'ai démontré que nous arrivons fréquemment à des inférences à propos de la réalité (au point A de la structure de l'ABCDEFG), et qu'idéalement nous avons besoin de traiter ces inférences comme des pressentiments à propos de la réalité qui doivent plutôt être vérifiés quabordés comme des faits indéniables. Donc, lorsque vous êtes maladivement jaloux, vous considérez ces inférences comme des faits et vous agissez en conséquence.

Cependant, lorsque vous ressentez une saine jalousie, vous avez probablement tendance à considérer ces inférences plus comme des pressentiments que comme des faits, et vous les vérifiez auprès de votre partenaire, même si vous êtes assez certain que votre relation est menacée. En vérifiant et en évaluant ces inférences auprès de votre partenaire, vous avez tendance à exposer en détail la preuve que vous détenez, et qui appuie votre idée selon laquelle votre relation avec votre partenaire est menacée. La preuve que vous apportez tend à relater des événements objectifs (que la plupart des gens confirment) qui constituent une menace pour votre relation, et vous avez tendance à décrire cette preuve d'une manière non accusatrice.

Cela se compare à la façon dont vous avez tendance à vous comporter lorsque vous êtes maladivement jaloux. Dans ce cas, vous avez tendance à accuser votre partenaire de choses que la plupart des gens ne considèrent pas comme des preuves précises de l'existence d'une menace pour leur relation (ex.: «tu as regardé cette femme»). De plus, ce dont vous accusez votre partenaire implique une inférence subjective concernant son comportement objectif et relève souvent de la lecture de pensée (ex.: «je peux dire, par la façon que tu as de regarder cette femme, que tu as envie d'elle plus que de moi et que tu aimerais mieux être avec elle plutôt qu'avec moi»).

À la danse annuelle de sa firme, Jenny voit son mari, Bill, qui danse avec une autre femme, très près de celle-ci. Elle sait que cette femme a la réputation d'essayer de séduire les maris des autres femmes et elle sait aussi que, ce soir-là, son mari a un peu trop bu.

Elle ressent une saine jalousie à propos de cet événement et à propos de tout contact futur que Bill pourrait avoir avec sa collègue de travail.

Le lendemain, Jenny vérifie son inférence auprès de Bill pour savoir s'il a envie de cette autre femme. Il nie très fermement avoir envie de cette femme, mais il admet avoir un peu trop bu ce soir-là, et il s'excuse de son comportement. Deux jours plus tard, il raconte à Jenny que sa fameuse collègue de travail l'a appelé alors que Jenny était encore au bureau et qu'il lui a dit qu'elle ne l'intéressait pas: un compte-rendu que Jenny accepte et oublie vite.

Si Jenny éprouvait de la jalousie maladive à propos de cet inci-
dent, elle accepterait probablement plus facilement son infé-
rence que Bill a envie de cette autre femme et elle aurait
tendance à percevoir tous les événements suivants comme des
confirmations de ce « fait ». Au lieu de cela, parce qu'elle ressent
une saine jalousie, elle est en mesure de traiter cette inférence
comme une hypothèse de la réalité plutôt que comme un fait
indiscutable.

S'AFFIRMER

Vous avez déjà constaté que la colère malsaine peut être une caractéristique principale de la jalousie maladive (cf. pages 54-55), alors que, lorsque vous ressentez une saine jalousie, vous avez plus tendance à ressentir une colère saine (cf. pages 113 à 116). Cette colère saine vous permet de vous affirmer par rapport à votre partenaire en ce qui concerne des événements ou des problèmes qui vous déplaisent. Vous vous affirmez par rapport à votre partenaire lorsque vous lui dites ce que vous ressentez d'une manière non accusatrice, lorsque vous lui démontrez votre respect et, ce qui est plus important, lorsque vous ne le tenez pas pour responsable de vos sentiments. Vous demandez aussi, plutôt qu'exigez, un changement dans son comportement.

Benjamin est inquiet à propos du temps que sa petite amie, Jane,
passe avec Roland, un de ses amis. Bien qu'il accepte son

affirmation selon laquelle elle n'est en rien intéressée par Roland, que ce soit romantiquement ou sexuellement, il a entendu dire que cet ami a tout récemment développé des sentiments romantiques envers Jane. Benjamin ressent une saine jalousie dans sa relation avec Jane, et cela lui permet de s'affirmer par rapport à Jane et de lui dire ce qui suit:

«Jane, je suis assez inquiet de tout ce temps que tu passes avec Roland. Je sais que tu n'as pas envie de lui, mais je pense qu'il a envie de toi et qu'il va essayer de t'arracher à moi. Je me sens jaloux du temps que tu passes avec lui, et je te demanderais de limiter tes contacts avec lui.»

Jane réplique à Benjamin qu'il n'a aucune raison de s'inquiéter, mais elle accepte de restreindre dorénavant le temps qu'elle accordera à Roland. Étant donné que chacun fait preuve de maturité, cet épisode sert à renforcer leur relation. Plus tard, lorsque Benjamin découvre que Roland n'est pas romantiquement intéressé à Jane, il le croit et il est très content de les voir passer plus de temps ensemble.

Si vous ressentez une saine jalousie et que vote affirmation de vous même est basée sur la colère saine, il est peu probable que vous vous vengiez de votre partenaire, que vous le punissiez ou que vous punissiez votre rival. Ces trois actions ou tendances à l'action proviennent de la colère malsaine, qui, comme nous l'avons vu, est une caractéristique fréquente de la jalousie maladive.

SURVEILLER UNE SITUATION PRÉCISE

Lorsque vous ressentez une saine jalousie à propos d'une menace pour votre relation, vous pouvez également disposer de preuves tangibles démontrant qu'une telle menace existe. Cependant, même lorsque vous ressentez une saine jalousie à propos d'une menace que vous pensez réelle, mais pour laquelle vous n'avez aucune preuve tangible, les conséquences comportementales sont les mêmes. Vous êtes donc en alerte pour découvrir tout signe de l'existence de cette menace, mais uniquement sous les aspects particuliers où elle peut nuire à votre relation. En d'autres mots, votre surveillance est concentrée sur une menace précise que vous avez (ou pensez avoir) localisée. Cela se compare à la surveillance continuelle que vous exercez lorsque vous êtes maladivement jaloux, et particulièrement si vous y êtes prédisposé.

Hilary pense que son mari, Maurice, est romantiquement inté-ressé par une de ses amies, Lorraine, et elle en ressent une saine jalousie. Chaque fois qu'Hilary et Maurice croisent Lorraine dans un événement mondain, Hilary ouvre l'œil pour vérifier si oui ou non Maurice parle avec Lorraine et, si oui, le genre d'interaction qu'ils ont. Hilary est cependant en mesure de prêter attention à ses amis, et elle ne surveille pas constam-ment la situation en examinant les allées et venues de Maurice et de Lorraine comme elle le ferait si elle éprouvait une jalousie maladive quant à la menace représentée par Lorraine pour sa relation. Elle ne surveille pas non plus les autres situations comme elle le ferait si elle était particulièrement prédisposée à la jalousie maladive.

INTERROGER DE FAÇON APPROFONDIE

Au chapitre 2, j'ai démontré que, lorsque vous éprouvez de la jalousie maladive à propos d'une menace pour votre relation avec votre partenaire, vous avez tendance à le bombarder de questions pour déterminer son implication dans une situation. Plus vous êtes prédisposé à la jalousie maladive, plus vous questionnez votre partenaire à propos de ses sentiments, de ses pensées et de son comportement envers votre rival. Lorsque vous êtes fortement prédisposé à la jalousie maladive, vous pensez que vous avez beaucoup de rivaux et vous avez également tendance à questionner continuellement votre partenaire sur ces mêmes propos. Cependant, si vous ressentez une saine jalousie, vous aurez tendance à ménager votre partenaire et à ne lui poser vos questions qu'à propos d'un incident pour lequel vous possédez plus de renseignements.

VÉRIFIER DE FAÇON APPROFONDIE

Lorsque vous ressentez une saine jalousie, vous avez tendance à rechercher des preuves tangibles démontrant qu'une menace existe réellement pour votre relation. Dans ce cas, vous vérifiez peut-être les allées et venues de votre partenaire afin de déterminer si cette menace existe vraiment.

Vous ne vérifiez cependant que si vous avez une bonne raison de le faire.

Karen entend dire par sa meilleure amie que son partenaire, Melvin, a été vu au restaurant en compagnie d'une femme séduisante. Lorsqu'elle en parle à Melvin, il admet qu'il a dîné avec son adjointe afin de la remercier des heures supplémentaires qu'elle a faites pour l'aider. Karen ressent une saine jalousie à propos de cet incident, mais cela ne veut pas dire qu'elle vérifiera les allées et venues de Melvin chaque fois qu'il lui dira qu'il travaille plus tard au bureau. C'est une démarche qu'elle entreprendrait si elle éprouvait de la jalousie maladive à propos de la relation de Melvin avec son adjointe, et elle le ferait encore plus si elle était fortement prédisposée à cette émotion destructrice. Cependant, un soir, Melvin l'avise qu'il doit travailler plus tard et qu'il rentrera avant 22 h, mais, à 22 h 30, il n'est toujours pas de retour. Karen décide d'appeler au restaurant où Melvin et son adjointe ont déjà dîné et se fait répondre qu'ils ont quitté le restaurant à 21 h 30. Karen appelle donc chez l'adjointe de son mari en pensant qu'il peut y être. Cependant, lorsqu'un autre homme répond, Karen raccroche, et, quelques minutes plus tard, Melvin rentre à la maison avec deux de ses collègues masculins, légèrement ivres. Par cet exemple, vous pouvez constater que le comportement de vérification de Karen, alimenté par sa saine jalousie, est limité à une situation précise. Si elle éprouvait de la jalousie

maladive à propos de la relation de Melvin avec son adjointe,
elle vérifierait beaucoup plus souvent, particulièrement si elle
était fortement prédisposée à la jalousie maladive.

LES AUTRES COMPORTEMENTS FONCTIONNELS

Au chapitre 2, j'ai démontré que, lorsque vous éprouvez de la
jalousie maladive, en plus de constamment questionner, vérifier et inspecter les allées et venues de votre partenaire, vous
avez aussi tendance à lui tendre des pièges et à lui imposer
des restrictions se rapportant à son comportement ou à ses
déplacements. Vous pouvez tout aussi bien avoir ces réactions
si vous ressentez une saine jalousie, mais seulement lorsque
vous disposez de preuves objectives de son probable intérêt
envers quelqu'un d'autre et lorsque vos autres comportements constructifs déclenchés à ce moment n'ont pas vaincu
votre saine inquiétude. De plus, lorsque vous ressentez une
saine jalousie, vous êtes très hésitant à tendre des pièges à
votre partenaire ou à le restreindre, tandis que, lorsque vous
éprouvez une jalousie maladive (et particulièrement si vous y
êtes fortement prédisposé), vous êtes tout à fait prêt à lui
tendre des pièges et à le restreindre, et vous le faites beaucoup plus tôt que lorsque vous ressentez une saine jalousie.

Tim ressent une saine jalousie à propos de la relation de sa
petite amie avec son moniteur de conduite. Lorsqu'un inconnu

l'appelle anonymement pour lui faire savoir que Mary a une aventure avec son instructeur, il écarte cette idée en songeant qu'il s'agit des «délires d'un esprit dévié». Cependant, lorsque deux de ses amis lui racontent qu'ils ont vu Mary embrasser quelqu'un dans une voiture bleue (la même couleur que celle du moniteur de conduite), Tim devient sainement jaloux. Cela le conduit à s'affirmer devant Mary, et il la met au courant de l'appel anonyme et de ce que ses amis ont vu. Mary nie avoir une aventure avec son instructeur, et Tim est assez rassuré jusqu'à ce qu'il reçoive un certain nombre d'appels où la personne raccroche dès qu'elle entend sa voix à lui. L'inquiétude de Tim augmente, et il décide, à contrecœur et en dernier recours, de tendre un piège à Mary. Il lui annonce qu'il s'absentera durant quelques jours pour affaires, et il s'arrange avec Mary pour fixer des heures précises où il lui téléphonera. Tim engage un détective privé, qui, pendant son absence, suivra et enregistrera sur caméscope les rencontres louches de Mary. Effectivement, convaincue que Tim est en voyage, Mary invite son instructeur à passer la nuit chez elle, et le détective enregistre son arrivée à 20 h 30 (30 minutes après l'appel de Tim) et son départ le lendemain matin, à 6 h 00. En voyant la preuve, Tim affronte Mary et met fin à leur relation.

Cet incident démontre clairement que, lorsque vous ressentez une saine jalousie, vous êtes prêt à prendre d'extrêmes mesures pour découvrir la vérité à propos d'une menace possible pour votre relation, mais vous ne le ferez que lorsque vous possédez assez de preuves appuyant vos soupçons et après avoir essayé des méthodes moins extrêmes pour découvrir la vérité. Cela dément donc la critique de quelques personnes prétendant qu'être sainement jaloux signifie être naïvement aveugle aux possibles menaces pour sa relation. Lorsque vous éprouvez de la jalousie maladive, particulièrement si vous y êtes prédisposé, et que votre relation est menacée par une autre personne, vous avez tendance à prendre des mesures extrêmes beaucoup plus facilement, souvent même en l'absence de preuve tangible.

Comment vous pensez lorsque vous ressentez une saine jalousie

LA DÉFIANCE ET LA MÉFIANCE FOCALISÉES

Vous vous souviendrez qu'au chapitre 1, j'ai mentionné que, lorsque vous pensez rationnellement (en B) à propos d'une menace pour votre relation (en A), vous avez tendance à penser d'une manière réaliste (en C). Comme nous l'avons vu, vous ressentez une saine jalousie en grande partie lorsque vous possédez des preuves tangibles qu'une autre personne représente une menace pour votre relation avec votre partenaire. Dans ces conditions, vous pouvez être méfiant et soupçonneux envers votre partenaire, mais seulement en ce qui concerne la personne représentant nettement une telle menace. En d'autres mots, votre méfiance et vos soupçons sont focalisés plutôt que généralisés à toutes les relations que votre partenaire entretient avec un membre du même sexe que vous ; ce qui sera le cas si vous éprouvez de la jalousie maladive, et particulièrement si vous y êtes fortement prédisposé.

PENSEZ AVEC RÉALISME À L'ATTITUDE DE VOTRE PARTENAIRE ENVERS VOUS

Lorsque vous ressentez une saine jalousie à propos d'une menace pour votre relation, vous ne concluez pas nécessairement que l'intérêt de votre partenaire pour une autre personne signifie qu'il a une attitude négative envers vous. Vous pouvez ainsi penser que votre partenaire vous aime, mais qu'il aime aussi une autre personne. Vous pouvez aussi penser que votre partenaire est toujours intéressé par vous, mais qu'il est aussi intéressé par quelqu'un d'autre. C'est tout à fait le contraire de ce que vous pensez, dans des cas semblables, lorsque vous éprouvez de la jalousie maladive, alors car vous pensez fréquemment que votre partenaire a une attitude négative envers vous et vous ne pouvez comprendre qu'il puisse être intéressé par deux personnes ou en aimer deux à la fois.

PENSEZ AVEC RÉALISME AU COMPORTEMENT DE VOTRE PARTENAIRE

Lorsqu'il devient évident que vous avez un rival pour l'affection de votre partenaire, si vous ressentez une saine jalousie, vous aurez tendance à penser avec réalisme au comportement de votre partenaire. Par exemple, vous pouvez penser qu'il vous rejette, vous trahit ou vous ridiculise (ce que vous pensez sans aucun doute si vous êtes maladivement jaloux), mais vous pouvez aussi en conclure autre chose. Ainsi, vous pouvez penser qu'il est dans une mauvaise passe et qu'il éprouve de la difficulté à faire face à ses propres émotions. Vous cherchez donc à vérifier la validité de vos inférences en les comparant avec les preuves que vous possédez, et vous êtes en mesure de le faire parce que vous n'êtes pas trop troublé par le comportement de votre partenaire.

PENSEZ D'UNE MANIÈRE RÉALISTE À VOS RELATIONS FUTURES

Lorsque vous ressentez une saine jalousie, vous avez tendance à faire des prédictions quant à vos possibles relations futures. Ainsi, vous pouvez penser que, si vous perdez votre partenaire du moment, vous pouvez en perdre un autre, mais vous avez aussi tendance à considérer que vous êtes en mesure d'avoir une autre relation avec un partenaire qui sera fidèle ou qui ne vous quittera pas, inévitablement, pour une autre personne.

PENSEZ D'UNE MANIÈRE RÉALISTE À VOS PROPRES QUALITÉS

Lorsque vous éprouvez une saine jalousie à propos d'une menace pour votre relation avec votre partenaire, vous avez tendance à être objectif quant à vos propres qualités, particulièrement dans le cas des relations. Contrairement à la jalousie maladive (où vous avez tendance à penser que vous n'êtes pas assez bien pour votre partenaire, que vous n'êtes pas une personne attirante mais une personne plutôt ennuyeuse ou que vous avez très peu à lui offrir), lorsque vous ressentez une saine jalousie, vous pensez que vous avez toujours les mêmes qualités que lorsque votre partenaire a commencé à s'intéresser à vous. Vous pouvez accepter la possibilité que votre partenaire n'ait plus une très bonne opinionde vous, mais vous n'en concluez pas que vous avez perdu vos qualités. Vous acceptez aussi que votre partenaire puisse s'intéresser à quelqu'un d'autre parce que l'une de vos qualités ne l'attire pas, et, dans ce cas, vous êtes assez mature pour reconnaître cette possibilité et décider de faire face à ce problème.

PENSEZ D'UNE MANIÈRE RÉALISTE À UN MEMBRE DU MÊME SEXE QUE VOUS EN TANT QUE RIVAL

En général, lorsque vous éprouvez une saine jalousie envers votre partenaire, vous ne considérez pas tous les membres de votre sexe comme des rivaux. Vous pouvez penser qu'une personne en particulier est un rival lorsque vous possédez des preuves tangibles que c'est le cas, mais vous ne généralisez pas cela à tous les membres de votre sexe.

Les autres caractéristiques de la saine jalousie

Au chapitre 2, j'ai expliqué qu'une caractéristique de la jalousie maladive est que les conséquences cognitives (en C dans la structure de l'ABCDEFG) de cette émotion destructrice deviennent les inférences en A. Ainsi, lorsque vous éprouvez de la jalousie maladive (en particulier si vous y êtes prédisposé), vous avez tendance à ramener, par exemple, votre méfiance et vos soupçons à des événements qui sont ambigus. Ainsi, si vous apercevez votre partenaire en train de partir avec une personne attirante, du même sexe que vous, vous avez tendance à être soupçonneux et à donner trop d'importance à la menace possible pour votre relation.

Lorsque vous ressentez une saine jalousie, les conséquences cognitives de cette émotion fonctionnelle tendent aussi à devenir vos inférences en A. Voilà pourquoi vous êtes en mesure de percevoir des événements ambigus d'une manière beaucoup plus confiante et moins menaçante que si vous êtes maladivement jaloux, et voilà aussi pourquoi vous ne voyez la menace qu'une autre personne représente pour votre relation avec votre partenaire que lorsque vous possédez des preuves tangibles que cette menace existe vraiment.

C'est comme si vous rameniez ces événements, qui ont une grande influence sur les inférences que vous avez faites en A, aux règles suivantes :

- Je peux fondamentalement avoir confiance en mon partenaire en présence d'une personne du même sexe que moi, à moins que j'aie une preuve tangible du contraire ;

- Mon partenaire me considère comme une personne attirante, facile à aimer ou intéressante, et, même s'il trouve une autre personne attirante et intéressante, je continue à penser qu'il me considérera toujours comme une personne plus attirante et plus intéressante, à moins que j'aie une preuve tangible du contraire ;

- Je pense que mon partenaire ne me rejettera pas, ne me trahira pas ni ne me ridiculisera, à moins que j'aie une preuve tangible que cela risque fortement de se produire ;

- J'ai autant, et probablement plus, à offrir à mon partenaire qu'une autre personne ;

- Quelques personnes (mais pas toutes) ont des comportements de prédateurs, et quelques-unes pourraient essayer de me voler mon partenaire.

Comme vous le voyez, ces règles sont très semblables à celles de la personne peu prédisposée à la jalousie maladive (comme nous l'avons vu au chapitre 2). Cela signifie que, même lorsque vous n'êtes pas prédisposé à la jalousie maladive, il est important de maîtriser les cas particuliers de jalousie maladive; lorsque vous y êtes fortement prédisposé, il devient capital d'apprendre à y être beaucoup moins prédisposé. Dans le chapitre 5, j'indiquerai comment on peut diminuer la prédisposition à la jalousie maladive, mais je montrerai tout d'abord, dans le chapitre suivant, comment faire face à certains épisodes particuliers de jalousie maladive.

4

Comment faire face à des épisodes particuliers de jalousie maladive

Que vous soyez prédisposé à la jalousie maladive ou que vous ressentiez cette émotion destructrice seulement lorsque vous faites clairement face à une menace pour votre relation avec votre partenaire, menace représentée par une troisième personne, il est important de commencer à changer ce processus en faisant face à des épisodes particuliers de jalousie maladive. Ce sera le sujet du présent chapitre. Vous y verrez comment vous pouvez réduire votre prédisposition à la jalousie maladive lorsque vous l'éprouvez souvent.

Ce qui suit est un guide en 13 étapes basées sur des situations qui a pour but de vous aider à maîtriser votre jalousie maladive. Afin de vous guider tout au long de ces étapes, j'utiliserai le cas de Darren, qui a choisi d'étudier un exemple particulier de sa jalousie maladive.

Étape 1. Reconnaissez que vous avez éprouvé de la jalousie maladive dans une situation qui devra être analysée et que cette émotion est malsaine

Bien que cette étape semble évidente, elle ne l'est pas : vous pouvez tout aussi bien choisir une situation dans laquelle vous avez ressenti une saine jalousie plutôt que de la jalousie maladive. Comment savoir si vos sentiments de jalousie sont maladifs ? Il existe trois méthodes pour différencier ces deux formes de jalousie.

Premièrement, vous devez déterminer quelles autres émotions font partie de votre épisode de jalousie. Comme je l'ai expliqué aux chapitres 2 et 3, lorsque vous éprouvez de la jalousie maladive, vous ressentez une ou plusieurs des émotions malsaines suivantes : l'anxiété, la dépression, la colère malsaine, la douleur ou la honte. Par contre, si vos sentiments de jalousie sont sains, vous ressentirez probablement une ou plusieurs des émotions saines suivantes : l'inquiétude, la tristesse, la colère saine, le chagrin ou la déception.

Deuxièmement, vous devez déterminer comment vous avez réagi (ou comment vous avez eu envie de réagir) par suite de vos sentiments de jalousie. Si votre jalousie était maladive, vous avez réagi (ou avez eu envie de réagir) d'une ou de plusieurs manières parmi les suivantes :

- Cela vous a entraîné à surveiller continuellement votre partenaire ;

- Cela vous a entraîné à questionner continuellement votre partenaire ;

- Cela vous a entraîné à vérifier continuellement ce que faisait votre partenaire ;

- Cela vous a entraîné à tendre des pièges à votre partenaire ;

- Cela vous a entraîné à imposer des restrictions à votre partenaire ;

- Cela vous a entraîné à vous venger de votre partenaire ;

- Cela vous a entraîné à punir votre partenaire ;

- Cela vous a entraîné à punir votre rival.

Cependant, si votre jalousie était saine, vous avez réagi (ou avez eu envie de réagir) d'une ou de plusieurs manières parmi les suivantes :

- Cela vous a entraîné à examiner vos inférences ;

- Cela vous a entraîné à vous affirmer par rapport à votre partenaire ;

- Si vous avez entrepris de surveiller votre partenaire, votre jalousie vous a entraîné à le faire dans une situation précise et non constamment ;

- Si vous avez questionné votre partenaire, votre jalousie vous a entraîné à le faire d'une manière précise et non constante ;

- Cela ne vous a pas entraîné à lui tendre des pièges, à moins que ce ne soit en dernier recours ;

- Cela ne vous a pas entraîné à lui imposer des restrictions, à moins que ce ne soit en dernier recours ;

- Cela ne vous a pas entraîné à vous venger de votre partenaire ;

- Cela ne vous a pas entraîné à punir votre rival.

Troisièmement, vous devez déterminer comment votre jalousie a ensuite dirigé votre pensée. Si votre jalousie était maladive, elle vous a mené à une ou à plusieurs des lignes de pensée suivantes :

- Elle vous a entraîné à être généralement défiant et soupçonneux envers votre partenaire ;

- Elle vous a entraîné à penser que votre partenaire a une attitude négative envers vous ;

- Elle vous a entraîné à penser de manière non objective en ce qui concerne le comportement de votre partenaire ;

- Elle vous a entraîné à penser à vos relations futures d'une manière non objective ;

- Elle vous a entraîné à penser à vos propres qualités d'une manière négative ;

- Elle vous a entraîné à considérer tout membre du même sexe que vous comme un rival.

Cependant, si votre jalousie était saine, elle vous a amené à une ou à plusieurs des lignes de pensée suivantes :

- Elle vous a entraîné à être méfiant et soupçonneux envers votre partenaire ; mais cela s'est fait lors d'un incident précis et non d'une manière généralisée ;
- Elle vous a entraîné à penser au comportement de votre partenaire d'une manière réaliste ;
- Elle vous a entraîné à penser à vos relations futures d'une manière réaliste ;
- Elle vous a entraîné à penser à vos propres qualités d'une manière réaliste ;
- Elle vous a entraîné à considérer, d'une manière réaliste, tout membre du même sexe que vous comme un potentiel rival.

Darren a jugé que sa jalousie était maladive parce qu'il avait constamment eu envie de surveiller sa petite amie, et, de fait, il l'avait questionnée d'une manière obsessive. Il a aussi pensé à ses propres qualités d'une manière négative, ce qui l'a entraîné à percevoir beaucoup d'autres personnes comme de potentiels rivaux. Finalement, il s'est vengé de sa partenaire.

Étape 2. Choisissez un exemple particulier de votre jalousie maladive, et soyez aussi concret que possible

Une fois que vous reconnaissez que votre jalousie est maladive, l'étape suivante consiste à sélectionner un exemple particulier de cette forme de jalousie. Il est plus facile de penser en termes vagues à votre jalousie maladive, mais, ce faisant, vous ne vous aidez pas à déterminer les croyances irrationnelles propres à cette jalousie et qui causent cette émotion destructrice. Choisissez un exemple particulier de votre jalousie maladive, et soyez le plus concret possible : cela vous permettra de déterminer vos propres croyances irrationnelles.

Darren a choisi l'exemple suivant de sa jalousie maladive pour l'étudier.

« Je suis allé à une petite fête en compagnie de Kath, ma petite amie, et nous nous sommes amusés. Je suis ensuite allé parler à quelques amis et, à mon retour, j'ai trouvé Kath riant et plaisantant avec un autre homme.

Je me suis senti vraiment jaloux lorsque je les ai vus ensemble, et j'ai alors commencé à flirter avec une autre femme pour me venger de Kath. »

Étape 3. Reconnaissez qu'une saine jalousie est une solution de rechange avantageuse à la jalousie maladive

Au chapitre 1, j'ai longuement expliqué le modèle ABCDEFG de la santé et de la perturbation humaines. Si vous vous rappelez, le G représente les objectifs (*Goals*) sains et réalistes que vous vous efforcez d'atteindre. Ces objectifs sont des solutions de rechange saines à des émotions, des pensées et des comportements malsains que vous éprouvez en C dans la structure. Dans ce cas, il est important que vous reconnaissiez, premièrement, qu'il existe une solution saine à votre jalousie maladive et, deuxièmement, que cette solution est une saine jalousie. Lorsque vous faites face à une menace pour votre relation, il n'est pas sain que cette menace vous laisse calme et indifférent. Si c'est le cas, vous pouvez croire que cela vous importe peu de perdre votre partenaire, ce qui est manifestement faux. Si vous êtes incertain qu'une saine jalousie est la solution avantageuse à votre jalousie maladive, je vous suggère de relire le chapitre 3.

> *Darren reconnaît que les réactions de jalousie qu'il a eues lorsqu'il a vu Kath rire et plaisanter avec cet autre homme à la petite fête sont malsaines. Il comprend aussi qu'une réaction saine et plus réaliste serait une saine jalousie qui ferait, qu'il ne réagirait pas de cette manière vengeresse mais avouerait plutôt à Kath comment il se sent par rapport à son comportement.*

Étape 4. Acceptez-vous, vous-même, d'avoir éprouvé de la jalousie maladive

Avant que vous commenciez à analyser votre exemple concret, il est important que vous vous posiez la question suivante : vous dévalorisez-vous, de quelque façon que ce soit, pour avoir éprouvé de la jalousie maladive ? Si oui, il est important que vous affrontiez votre problème avant d'aller plus loin avec votre exemple de jalousie maladive. Si vous évitez vos sentiments de dévalorisation à l'occasion d'un épisode de jalousie maladive, ces sentiments vous nuiront pour maîtriser votre problème de jalousie.

Que devez-vous faire si vous vous dévalorisez pour avoir éprouvé de la jalousie maladive ? Premièrement, il est important de reconnaître que, bien que la jalousie maladive soit une émotion négative destructrice, elle est très commune et elle est éprouvée par beaucoup de gens. Cela signifie que vous êtes normal et que vous êtes un être humain faillible de l'avoir éprouvée, même si elle est malsaine. Deuxièmement, même si vous percevez votre jalousie maladive comme une faiblesse ou un signe d'immaturité, cela ne veut pas dire que vous êtes faible ou immature. Vos sentiments de jalousie maladive font partie de vous et ne peuvent vous définir à eux seuls. En vérité, vous êtes une personne complexe, imparfaite et vous avez un problème de jalousie, mais il est important que vous vous rappeliez cela quand vous travaillerez à maîtriser ce problème. Troisièmement, lorsque vous vous dévalorisez après avoir éprouvé de la jalousie maladive, vous devez insister sur le fait que vous ne vous dévalorisiez pas comme cela au départ. Concrètement, vous avez cependant éprouvé de la jalousie maladive. S'il existait une loi empêchant d'éprouver ce sentiment, vous ne l'auriez pas ressentie alors, vous ne l'auriez même pas pu. Bien évidemment, une telle loi n'existe pas puisque vous avez éprouvé ce sentiment. Rappelez-vous cela la prochaine fois que vous vous surprendrez à vous dévaloriser pour avoir éprouvé de la jalousie maladive.

> *Darren réalise qu'il s'est senti honteux d'avoir éprouvé de la jalousie maladive en voyant Kath rire et plaisanter avec un autre homme à la petite fête et, particulièrement, de s'être vengé de la façon dont il l'a fait. Il a cependant mis en pratique les points que je viens tout juste de préciser, et il s'est accepté comme un être humain faillible pour avoir ressenti de la jalousie et pour avoir réagi comme il l'a fait, bien qu'il reconnaisse qu'il n'a pas aimé les sentiments éprouvés, et qu'il n'a décidément pas aimé son comportement. Il reconnaît que, même s'il aurait préféré réagir d'une manière plus constructive, il n'est pas immunisé contre la jalousie maladive ni contre la manière de réagir qui correspond à un tel sentiment.*

Lorsque cela se produit, vous accepter vous-même d'avoir éprouvé de la jalousie maladive vous aidera à attaquer les problèmes qui vous ont entraîné vers de tels sentiments et cela vous aidera également à éprouver plutôt une saine jalousie.

Étape 5. Déterminez la menace pour votre relation qui vous a rendu le plus maladivement jaloux, et supposez, temporairement, que cette menace est réelle

Vous êtes maintenant prêt à déterminer et à étudier l'épisode dans lequel vous vous êtes senti le plus maladivement jaloux. Grâce à ce que vous avez lu, vous savez maintenant que vous êtes maladivement jaloux à propos d'une menace pour votre relation avec votre partenaire, menace représentée par une autre personne. Étant donné que, dans ce livre, je me suis concentré sur la jalousie romantique, cette troisième personne est un membre du même sexe que vous, et c'est vrai que vous soyez hétérosexuel ou homosexuel. Il y a une exception à ce principe si votre partenaire est bisexuel. Ainsi, Bill est jaloux lorsque Jill, sa partenaire bisexuelle, commence à flirter avec une autre femme. Dans ce livre, toutefois, je me concentrerai sur la menace lorsque celle-ci est représentée par un membre de votre propre sexe.

Maintenant, si vous vous souvenez du chapitre 2, j'ai démontré que les différentes menaces qui existent pour votre relation sont les suivantes :

I Vous voyez une autre personne comme celle qui vous remplacera auprès de votre conjoint et vous croyez que votre partenaire vous quittera pour cette personne. J'appellerai cette menace : LA PERTE DE SA RELATION ;

2 Vous croyez que votre partenaire trouve une autre personne plus attirante que vous et, même si vous ne croyez pas qu'il vous quittera pour celle-ci, vous considérez que vous allez perdre votre statut de personne la plus importante dans sa vie. Bien qu'ici vous ne soyez pas menacé par l'intérêt de votre partenaire envers cette personne, vous vous sentez menacé par le fait (dans votre esprit) que vous ne serez plus la personne la plus importante dans sa vie. J'appellerai cette menace : LA PERTE DE LA PREMIÈRE PLACE ;

3 Il est important pour vous que votre partenaire ne s'intéresse qu'à vous, et vous vous sentez menacé par tout intérêt qu'il démontre envers une autre personne. Ici, bien que l'exclusivité soit importante pour vous, vous ne croyez pas nécessairement que votre partenaire vous quittera. J'appellerai cette menace : LA PERTE DE SON EXCLUSIVITÉ ;

4 Il est important que personne ne démontre d'intérêt envers votre partenaire, et vous vous sentez menacé par tout intérêt manifesté par une autre personne envers votre partenaire. Ici, vous vous concentrez sur une autre personne plutôt que sur votre partenaire. J'appellerai cette menace : LA PERTE DE SA BULLE parce que l'idée d'être la seule personne au monde à qui il est permis de plaire à votre partenaire fait apparaître le concept selon lequel vous placez votre partenaire dans une bulle, à l'abri de l'intérêt que peut lui démontrer toute autre personne du même sexe que vous. Cette menace est souvent présente lorsque la possessivité est la caractéristique principale de la jalousie maladive.

Vous trouverez pratique de garder en tête ces différentes menaces lorsque vous tenterez de déterminer l'aspect de la situation particulière sur laquelle vous travaillez et dans laquelle vous vous êtes senti le plus maladivement jaloux. Lorsque vous l'aurez trouvé, ce sera votre A critique. Déterminer votre A critique est important si vous voulez tirer profit des étapes suivantes.

> *Après avoir réfléchi, Darren croit qu'il est plus jaloux à la perspective de perdre l'exclusivité dans sa relation avec Kath qu'à l'idée de perdre sa relation elle-même. C'est son A critique.*

Après avoir déterminé votre A critique, il est important de le considérer comme vrai, au moins pour un moment. La raison en est que, ce faisant, vous vous permettez de déterminer les croyances irrationnelles à la base même de vos sentiments de jalousie maladive. À ce stade-ci, si Darren réexamine son A critique et conclut qu'après tout le comportement de Kath ne constitue pas une menace pour son exclusivité dans leur relation, alors il ne sera plus maladivement jaloux ; mais il en sera autrement s'il détermine, défie et change les croyances irrationnelles à la base de sa jalousie maladive – ce que nous, en PCER, croyons être, à long terme, une meilleure solution à un problème particulier de jalousie maladive. Par exemple, si Darren cessait d'éprouver de la jalousie maladive en concluant que la menace pour son exclusivité auprès de Kath n'était pas en réalité une menace, il aurait tendance à éprouver de la jalousie maladive s'il changeait d'idée plus tard et se mettait à penser que ce qui est arrivé à la petite fête constituait une telle menace.

Reprenons donc : à ce point, il faut résister à toute tentation d'interprétation de votre A critique. Vous aurez une meilleure chance de le faire plus tard, quand vous aurez modifié vos croyances irrationnelles à la base même de vos sentiments de jalousie maladive.

Étape 6. Comprenez que vos sentiments de jalousie maladive proviennent en grande partie de vos croyances irrationnelles à propos d'une menace et qu'ils ne sont pas causés par la menace elle-même

Dans ce livre, j'ai insisté plusieurs fois sur le fait que les événements déclencheurs ou, pour être plus précis, les A critiques ne causent pas vos sentiments, votre comportement et votre pensée subséquente au point C dans la structure de l'ABCDEFG, mais ils y contribuent. Ce que vous ressentez, et comment vous agissez et pensez dépend, en grande partie (mais pas exclusivement), des croyances que vous adoptez à propos de ces A. Ainsi, il est important que Darren accepte pleinement le fait que ses sentiments de jalousie maladive relatifs à la perte de son exclusivité dans sa relation avec Kath (qui est, si vous vous rappelez, une inférence) dépendent de ses croyances irrationnelles à propos de cette menace, et non de la menace elle-même.

Si vous n'êtes pas convaincu que vos sentiments de jalousie maladive sont en grande partie déterminés par vos croyances irrationnelles, s'il vous plaît, relisez le chapitre 2.

Étape 7. *Déterminez vos croyances irrationnelles et faites la distinction entre celles-ci et leurs solutions rationnelles*

Lorsque vous aurez parfaitement accepté le fait que vos sentiments de jalousie maladive sont en grande partie déterminés par vos croyances irrationnelles, vous serez prêt à déterminer et à étudier les croyances irrationnelles particulières que vous adoptez à propos de cet incident. Une partie importante du processus de détermination consiste à faire la différence entre ces croyances irrationnelles et leurs solutions rationnelles. Si vous avez gardé à l'esprit les points élaborés aux chapitres 2 et 3, cette tâche sera assez simple. Vous vous rappellerez qu'il existe quatre croyances irrationnelles importantes :

- les demandes fermes ;
- les croyances qui nous font aggraver les faits ;
- les croyances qui réduisent notre tolérance à la frustration ;
- les croyances de dévalorisation.

Les solutions rationnelles à ces croyances irrationnelles sont les suivantes :

- les préférences totales ;
- les croyances qui nous permettent d'éviter d'aggraver les faits ;
- les croyances qui augmentent notre tolérance à la frustration ;
- les croyances d'acceptation.

Voyons maintenant comment Darren met ces informations en pratique.

Premièrement, après avoir reconnu qu'il a éprouvé de la jalousie maladive à propos de la possibilité de perdre son exclusivité dans sa relation avec Kath, Darren examine ses demandes fermes et réalise qu'elles sont la base de sa jalousie maladive. Il se démontre, à lui-même, que non seulement il préfère ne pas perdre sa relation, mais il exige de ne pas la perdre.

Deuxièmement, Darren examine ses croyances qui lui font aggraver les faits. Il comprend que, lorsqu'il éprouve de la jalousie maladive, il ne dit pas seulement que perdre son exclusivité dans sa relation avec Kath serait désagréable. Il reconnaît qu'il exagère énormément cette déclaration : « Ce serait terrible de perdre mon exclusivité dans ma relation avec Kath. »

Troisièmement, Darren cherche et trouve la croyance qui réduit sa tolérance à la frustration. Non seulement il accepte le fait que, lorsqu'il éprouve de la jalousie maladive, il dit que perdre son exclusivité dans sa relation avec Kath serait difficile à supporter, mais il se dit surtout, à lui-même : « Je ne pourrais supporter de perdre ma relation exclusive avec Kath. »

Finalement, Darren cherche sa croyance de dévalorisation et constate qu'il a une croyance d'autodévalorisation. Non seulement il reconnaît que la possibilité de perdre son exclusivité dans sa relation avec Kath serait désagréable, mais il se dit aussi que cela prouverait qu'il est une personne qu'on ne peut aimer.

Vous trouverez utile d'utiliser le modèle de Darren pour déterminer vos propres croyances irrationnelles.

Étape 8. Défiez ces croyances irrationnelles en vous démontrant qu'elles sont fausses, illogiques et autodestructrices

Maintenant que vous avez déterminé les croyances irrationnelles particulières causant vos sentiments de jalousie maladive, l'étape suivante consiste à reconsidérer ces croyances. Ceci est la partie D de la structure de l'ABCDEFG.

L'objectif de reconsidérer nos croyances irrationnelles est de fragiliser notre conviction à leur sujet afin d'acquérir des sentiments de saine jalousie. Je montrerai comment vous pouvez reconsidérer ces croyances en vous révélant la façon dont Darren a reconsidéré les siennes. Pour cela, je me concentrerai sur les demandes fermes et la croyance de dévalorisation de Darren. Pour ce qui est de ses croyances irrationnelles, il s'est posé les trois questions suivantes :

- Est-ce que ma croyance irrationnelle m'aide? M'apporte-t-elle de bons résultats?
- Est-ce que ma croyance irrationnelle est réaliste? Est-elle cohérente avec la réalité?
- Est-ce que ma croyance irrationnelle est raisonnable et logique?

La croyance irrationnelle de Darren est : « Je ne dois pas perdre mon exclusivité dans ma relation avec Kath. Si je la perdais, cela prouverait que je suis indigne en tant que personne. »

Question : Cette croyance m'aide-t-elle ?

Réponse : Non, elle ne m'aide pas. Cette croyance m'entraîne à éprouver de la jalousie maladive et à me comporter d'une manière qui me fera probablement perdre mon exclusivité dans ma relation avec Kath et qui peut même m'amener à perdre Kath.

Question : Cette croyance est-elle réaliste ?

Réponse : Certainement pas. Premièrement, s'il existait une loi interdisant la perte de mon exclusivité dans ma relation avec Kath, il me serait alors impossible de la perdre. Puisque Kath est libre et qu'elle peut choisir d'avoir une relation avec qui elle veut, cela prouve que ma requête n'est pas réaliste. Deuxièmement, si je perdais mon exclusivité dans ma relation avec Kath, cela ne prouverait pas que je suis une personne moins digne. Si j'ai de la dignité en tant que personne, cela ne dépend pas du fait que j'ai une relation exclusive avec Kath. Si cela dépend de quelque chose, ma dignité de personne dépend du fait que je suis vivant, humain et unique.

En d'autres mots, ma dignité demeure constante toute ma vie.

Question : Cette croyance est-elle raisonnable ?

Réponse : Non, elle est illogique. Je veux une relation exclusive avec Kath, mais cela ne prouve pas que je dois l'avoir. Ce qui doit être n'entraîne pas nécessairement ce que je veux qui soit. De plus, bien que perdre ma relation exclusive avec Kath soit désagréable, ce n'est qu'un aspect de ma vie, et lorsque j'en conclus que cela me rend moins digne en tant que personne, je commets, dans l'ensemble, l'erreur majeure de dire que tout ce que représente ma personne peut être dévalorisé par une mauvaise période de ma vie. Cela est évidemment absurde, puisqu'il n'est pas possible de considérer un ensemble sur la base d'une de ses parties.

En utilisant les trois mêmes questions, pourquoi ne reconsidérez-vous pas les croyances irrationnelles causant votre jalousie maladive à propos d'un événement en particulier ? Les effets de cette reconsidération se situent en E dans la structure de l'ABCDEFG. Plus vous défiez vos croyances irrationnelles et constatez qu'elles sont fausses, illogiques et peu utiles, plus les effets en E sont sains.

Étape 9. Prouvez-vous que les croyances rationnelles, par opposition à vos croyances irrationnelles, sont vraies, réalistes et qu'elles produisent des résultats sains

Défier vos croyances irrationnelles peut se comparer à désherber votre jardin. Pour que votre jardin soit cependant rempli de jolies fleurs, vous devez préparer le sol, et planter des graines qui pousseront et fleuriront. Donc, pour que vos croyances rationnelles se développent et s'épanouissent, vous devez les semer dans votre système de croyances. La première étape de ce processus consiste à remettre en cause vos croyances rationnelles, de la même manière que vous avez interrogé vos croyances irrationnelles à l'étape précédente. Cet exercice vous permet de voir clairement pourquoi votre croyance rationnelle est rationnelle, et vous permet de constater qu'elle vous aide à renforcer votre conviction en elle et à ressentir une saine jalousie plutôt qu'une jalousie maladive.

Pour vérifier comment cela peut être fait, examinons comment Darren s'interroge sur sa croyance rationnelle : « Je ne veux pas perdre ma relation exclusive avec Kath, mais il n'existe aucune raison pour que je ne la perde pas. Si je la perds, je suis malgré tout une personne digne, même si je perds quelque chose d'important pour moi. »

Question : Cette croyance m'aide-t-elle ?

Réponse : Oui, elle m'aide beaucoup. Elle me permet d'être sainement inquiet et vigilant plutôt qu'anxieux et trop vigilant. Les caractéristiques d'une saine jalousie, contrairement à celles de la jalousie maladive, m'encouragent à confier à Kath comment je me sens et à vérifier mes inférences plutôt qu'à les considérer comme des faits. Je suis donc moins sujet à réagir d'une manière compromettante pour notre relation.

Question : Cette croyance est-elle réaliste ?

Réponse : Oui, elle est réaliste. À vrai dire, je ne veux pas perdre ma relation exclusive avec Kath, mais, en reconnaissant que cela ne veut pas dire que je ne la perdrai pas, cela signifie que j'accepte que cela puisse se produire. Ma croyance me permet d'accepter, sans toutefois me la faire aimer, la réalité sinistre que Kath, en étant libre, peut choisir d'entretenir une relation avec qui elle veut. Ensuite, ma croyance est réaliste puisque je peux prouver que perdre ma relation exclusive avec Kath serait une mauvaise chose, mais que je serais toujours le même être humain faillible qu'avant cette relation. Et si ma dignité dépend de quelque chose, comme je le mentionnais plus tôt, elle dépend du fait que je suis vivant, humain et unique. En d'autres mots, ma dignité demeure constante toute ma vie, que j'aie cette relation exclusive avec Kath ou non.

Question : Cette croyance est-elle raisonnable ?

Réponse : Oui, elle est raisonnable. Logiquement, elle implique que, même si je crois vouloir une relation exclusive avec Kath, je n'en aurai pas nécessairement une. Au fond, ce que j'exprime est que je n'obtiendrai pas forcément ce que je veux. Cela est raisonnable et contraste manifestement avec la déclaration selon laquelle je dois obtenir tout ce que je veux. Donc, la conclusion que je suis un être humain faillible, que j'aie ou non cette relation exclusive avec Kath, est raisonnable puisque, ici, je ne commets pas l'erreur majeure inhérente à cette croyance, qui est que perdre ma relation exclusive avec Kath me diminue en tant que personne. Mon identité individuelle, ou mon « moi », est trop complexe pour être cotée et, si on pouvait la coter, il serait raisonnable que cette cote soit basée sur des conditions qui ne changent pas, comme le fait que je suis vivant, humain et unique.

En utilisant les trois mêmes questions, pourquoi ne reconsidérez-vous pas les croyances rationnelles causant votre saine jalousie à propos d'un événement en particulier ? Les résultats de cette deuxième interrogation se situent en E dans la structure de l'ABCDEFG. Plus vos réponses à ces questions sont convaincantes, plus les effets sont sains.

Étape 10. Renforcez votre conviction à l'égard de votre croyance rationnelle

Lorsque vous aurez acquis de l'expérience dans la remise en cause de vos croyances rationnelles et irrationnelles, vous pourrez passer à l'étape suivante, qui consiste à continuer le processus de changement en utilisant des techniques qui visent à diminuer encore plus vos convictions relatives à vos croyances irrationnelles et à renforcer vos convictions quant à vos croyances rationnelles. Cette partie du processus est connue comme l'étape facilitant le changement, et elle se situe au point F dans la structure de l'ABCDEFG. Dans cette section, je décrirai deux de ces techniques. Elles sont appelées « technique de l'attaque et de la réponse » et « technique de l'image affective ».

LA TECHNIQUE DE L'ATTAQUE
ET DE LA RÉPONSE

L'objectif de la technique de l'attaque et de la réponse est de vous permettre de pratiquer le renforcement de votre conviction relative à votre croyance rationnelle en l'attaquant avec des arguments irrationnels et en répondant à ces arguments par des réfutations rationnelles jusqu'à ce que vous ne puissiez plus trouver d'arguments irrationnels.

Voici une série d'instructions que je donne généralement à mes clients désireux d'utiliser cette technique.

1 Sur une feuille de papier, inscrivez votre croyance rationnelle et cotez votre degré actuel de conviction à l'égard de cette croyance en utilisant une échelle de 0 à 100, où 0 ne représente aucune conviction et 100, une totale conviction.

2 Lancer contre cette croyance rationnelle une attaque directe. Elle peut prendre la forme d'un doute, d'une réserve ou d'une objection à cette saine croyance, et elle doit être présentée comme une croyance irrationnelle. Faites cet énoncé d'attaque aussi naturellement que possible. Plus il reflétera ce que vous croyez, mieux ce sera. Inscrivez cette attaque sous la croyance rationnelle correspondante.

3 Répondez sans réserve à cette attaque. Il est très important de répondre à chaque élément de l'attaque. Faites-le de la manière la plus persuasive possible, et inscrivez la réponse sous la première attaque.

4 Continuez de cette façon jusqu'à ce que vous ayez répondu à toutes les attaques et que vous ne puissiez plus trouver de réponses.

Si vous trouvez cet exercice difficile, commencez par mener vos attaques en douceur. Par la suite, lorsque ce sera plus facile de répondre à ces attaques, commencez à livrer des attaques plus cinglantes. Continuez de cette façon jusqu'à ce que vous fassiez des attaques vraiment sérieuses. Lorsque vous engagez une attaque, faites-le de manière à y croire. Et lorsque vous répondez, investissez-vous à fond, avec l'intention de démolir cette attaque, de façon à augmenter votre degré de conviction à l'égard de votre croyance rationnelle.

N'oubliez pas que l'objectif de cet exercice est de renforcer votre croyance rationnelle; il est donc important que vous ne vous arrêtiez que lorsque vous aurez répondu à toutes les attaques.

Lorsque toutes les attaques auront des réponses, et que vous n'en trouverez plus, inscrivez votre croyance rationnelle de départ et cotez-la à nouveau selon la même échelle de 100 points. Vous devriez voir une augmentation de cette cote.

Voici comment Darren a utilisé cette technique de l'attaque et de la réponse.

La croyance rationnelle :

Je ne veux pas perdre mon exclusivité dans ma relation avec Kath, mais il n'existe aucune raison pour que je ne perde pas cet aspect de ma relation avec elle. Si je perds cette exclusivité, je suis quand même une personne estimable, même si cette exclusivité est quelque chose d'important pour moi. [40]

L'attaque :

Je ne crois pas vraiment à ça. J'ai l'impression que j'ai vraiment besoin de cette relation exclusive avec Kath.

La réponse :

Bien sûr que je n'y crois pas encore. Je dois travailler plus fort pour m'en convaincre. Bien que j'aie l'impression d'avoir besoin de cette relation exclusive avec Kath, cela ne veut pas dire que ce soit réellement le cas. Je veux une relation exclusive avec Kath, mais cela ne veut pas nécessairement dire que j'en aurai une. Ce n'est pas parce que je veux vraiment quelque chose que je dois nécessairement l'obtenir.

L'attaque :

Si je n'ai pas cette relation exclusive avec Kath, cela veut dire que je suis une personne moins estimable qu'avant.

La réponse:

Non, ce n'est pas le cas. Si je n'ai pas cette relation exclusive avec Kath, cela veut dire que je n'ai pas obtenu ce que je voulais vraiment. Ne pas obtenir quelque chose que je veux vraiment ne diminue en rien mon mérite. Je suis une personne estimable parce que je suis vivant, humain et unique, et non parce que j'ai une relation exclusive avec Kath.

L'attaque:

Mais ce n'est pas ce que pensent la plupart des gens. Ils pensent qu'ils seront moins estimables s'ils perdent l'amour exclusif de quelqu'un qu'ils affectionnent particulièrement, et cela signifie que je serai moins estimable en tant que personne si cela m'arrive.

La réponse:

Je ne suis pas certain que la plupart des gens pensent de cette façon. Et si c'est le cas, cela ne veut pas dire que c'est raisonnable. Croire que je suis une personne moins estimable si je n'ai pas cette relation exclusive avec Kath n'est pas raisonnable, simplement parce que ça ne tient pas debout. Je peux juger désagréable de ne pas avoir une relation exclusive avec Kath parce que c'est une expérience bien distincte, mais me juger moi-même comme une personne moins estimable parce que je me suis basé sur l'idée que je peux juger l'ensemble de ce que représente ma personne en fonction d'une seule expérience est manifestement absurde.

La croyance rationnelle :

Je ne veux pas perdre mon exclusivité dans ma relation avec Kath, mais il n'existe aucune raison pour que je ne perde pas cet aspect de ma relation avec elle. Si je perds cette exclusivité, je suis quand même une personne estimable, même si cette exclusivité est quelque chose d'important pour moi. [75]

LA TECHNIQUE DE L'IMAGE AFFECTIVE

La deuxième technique implique l'utilisation d'images ou de tableaux que vous vous représentez en esprit. Ne soyez pas inquiet si vous n'obtenez pas d'images mentales claires : la technique de l'image affective fonctionne, que vous ayez des images claires ou non. Voici comment utiliser la technique de l'image affective.

1 Déterminez un événement particulier en A pour lequel vous avez éprouvé de la jalousie maladive.

2 Fermez les yeux et imaginez maintenant cet événement en vous concentrant sur son aspect qui vous a fait éprouver le plus de jalousie maladive (connu comme le A critique).

3 Répétez volontairement la croyance irrationnelle qui vous a entraîné à éprouver de la jalousie maladive.

4 Permettez-vous vraiment d'éprouver de la jalousie maladive en vous concentrant sur le A critique dans votre esprit.

5 Tout en continuant à imaginer ce A critique, changez votre croyance irrationnelle en une croyance rationnelle et répétez cette dernière jusqu'à ce que vous ressentiez une saine jalousie.

6 Répétez cette croyance rationnelle et vos sentiments de saine jalousie pendant environ cinq minutes, toujours en imaginant l'élément essentiel de l'événement. Si vous retournez à votre première croyance irrationnelle, ramenez à votre esprit la croyance rationnelle.

7 Pratiquez cette technique trois fois par jour pendant trente jours, et voyez la différence.

Étape 11. Donnez suite à votre nouvelle croyance rationnelle

Une des meilleures manières d'intégrer votre nouvelle croyance rationnelle dans votre système de croyances est d'y donner suite. Vous devez choisir vos comportements pour qu'ils soient conséquents avec votre nouvelle croyance. De plus, après avoir choisi vos comportements, il est important que vous reconnaissiez que vous avez besoin de les utiliser souvent si vous voulez qu'ils pénètrent votre nouvelle croyance rationnelle. Je vous suggère de relire le chapitre 3, dans lequel nous avons étudié les comportements provenant de la saine jalousie, et qui sont donc conséquents avec elle.

À son retour à la maison avec Kath, Darren décide de confier à celle-ci ses sentiments de saine jalousie à propos de l'incident où il l'a vue rire et plaisanter avec un autre homme à la petite fête. Il lui avoue qu'il l'aime beaucoup et qu'il est inquiet de perdre son amour exclusif. Il ne présume pas qu'il va perdre sa relation exclusive avec elle, mais il vérifie auprès d'elle ce que son interaction avec cet homme représente. Cela ne met pas Kath sur la défensive, mais lui permet plutôt d'admettre qu'elle est attirée par cet homme, bien qu'elle ne désire pas une relation avec lui. Kath demande ensuite à Darren s'il désire une relation avec chaque femme qu'il trouve attirante. Parce qu'il ressent une saine jalousie à propos de cet incident, Darren peut constater la puissance de l'argument de Kath.

Étape 12. Interrogez-vous sur les conséquences rationnelles de votre jalousie maladive

Au chapitre 2, j'ai précisé que la jalousie maladive affecte votre manière subséquente de penser. Maintenant, il est important de prendre du recul et de considérer à quel point ces pensées sont réalistes. Ressentir une saine jalousie plutôt que de la jalousie maladive vous aidera à être objectif tout au long de cette étape.

Dans le cas de Darren, ses sentiments de jalousie maladive et les croyances irrationnelles qui les ont causés l'ont entraîné à penser ce qui suit :

1 « Je ne peux plus avoir confiance en Kath » ;

2 « Le fait que Kath rie et plaisante avec cet homme signifie qu'elle me trouve ennuyeux » ;

3 « Kath attend seulement que j'aie le dos tourné pour entretenir une relation avec cet homme » ;

4 « Si elle s'intéresse à cet homme, il y en aura plusieurs autres auxquels elle s'intéressera ».

Il est important de mettre en doute de telles pensées plutôt que de les percevoir comme des faits. Comme vous le constatez, ce sont des inférences provenant de croyances irrationnelles reliées à la jalousie maladive. Je vous recommande de mettre en doute ces pensées après, plutôt qu'avant, avoir remis en question vos croyances rationnelles et lorsque vous serez en mesure de reconnaître que vos croyances rationnelles de rechange sont vraies, réalistes et utiles. Je vous recommande cet enchaînement parce que de telles pensées proviennent de vos croyances irrationnelles. En d'autres mots, ces pensées se situent en C dans la structure de l'ABCDEFG et elles proviennent du B ; dans ce cas-ci, de vos croyances irrationnelles.

Cependant, vous pouvez toujours vous interroger sur de telles pensées avant de mettre en doute vos croyances irrationnelles. Vous pouvez aussi essayer les deux et constater par vous-même quel enchaînement vous aide le plus. Quel que soit l'ordre que vous choisirez, les questions seront les mêmes. En voici quelques exemples.

1 Ma pensée est-elle réaliste ? Si elle ne l'est pas, quelle est la façon la plus réaliste de voir cette situation ?

2 Mon inférence est-elle vraiment réelle ? S'il s'avère que non, quelle sera l'inférence la plus réaliste ?

3 Douze membres intègres d'un jury s'accorderaient-ils à dire que mon inférence est exacte ? Sinon, que jugeraient-ils plus probable ?

4 Si je demandais à une personne en qui j'ai confiance son opinion quant à la nature de mon inférence, réelle ou imaginaire, que me répondrait-elle et pourquoi ? Comment cette personne pourrait-elle m'amener à penser autrement à propos de cette situation ?

5 Si une personne me racontait qu'elle a fait la même inférence à propos d'une situation semblable, que dirais-je à cette personne à propos de la validité de cette inférence et pourquoi lui dirais-je cela ? Comment pourrais-je amener cette personne à penser autrement dans cette situation ?

6 Quelles informations dois-je rassembler pour vérifier la validité de mon inférence, et puis-je me fier à de telles informations ?

Lorsque votre ligne de pensée est faussée par la jalousie maladive, beaucoup de vos pensées se tournent vers votre partenaire et votre relation. En fait, lorsque vous n'êtes pas maladivement jaloux, il devient avantageux de penser à votre partenaire et à votre relation en répondant par écrit aux questions suivantes :

1 De ce que je sais de mon partenaire, quelle preuve ai-je...

- qu'il veut... (ex. : s'enfuir avec la première personne attirante qu'il rencontrera) ?

- qu'il ne veut pas... (ex. : s'enfuir avec la première personne attirante qu'il rencontrera) ?

2 De ce que je sais de ma relation avec mon partenaire, quelle preuve ai-je...

- que cette relation n'est pas... (ex. : solide) ?

- que cette relation est... (ex. : solide) ?

Si vous n'avez pas encore éprouvé de la jalousie maladive, plus vous êtes réaliste à propos de votre partenaire et de votre relation, plus vous serez en mesure de demeurer réaliste si jamais vous en avez à éprouver ce genre de jalousie à propos d'un incident particulier et plus vous mettrez en doute vos croyances irrationnelles causant ces sentiments.

Étape 13. Reconsidérez la nature de la menace pour votre relation

Vous vous souviendrez qu'à l'étape 5, je vous ai demandé de déterminer ce qui vous faisait éprouver de la jalousie maladive à propos d'un incident que vous aviez choisi d'analyser. Je vous ai aussi vivement conseillé de supposer temporairement que cette menace pour votre relation était réelle. Je vous ai encouragé à faire cela dans le but de déterminer les croyances irrationnelles qui sont le noyau de vos sentiments de jalousie maladive. Lorsque, vous avez vérifié si votre relation avec votre partenaire était ou non réellement menacée, vous avez peut-être cessé d'éprouver de la jalousie maladive, mais vous avez réussi cela sans déterminer, mettre en doute et changer vos croyances irrationnelles causant vraiment vos sentiments de jalousie maladive. En PCER, nous appelons cela changer le A plutôt que changer le B. À cette étape, si vous ne tenez pas compte de vos croyances irrationnelles, vous êtes toujours vulnérable à la jalousie maladive à propos de cet événement particulier, même si vous pensez plus tard que vous aviez raison au départ et que votre relation était réellement menacée. De plus, si vous reconsidérez votre A critique sans tout d'abord reconsidérer vos croyances irrationnelles, votre remise en cause de ce A sera faussée par l'existence toujours présente de ces mêmes croyances.

Après avoir reconsidéré et changé vos croyances irrationnelles, vous vous trouvez donc en meilleure position pour vous interroger sur votre A critique en ce qui a trait à une menace quelconque pour votre relation. Apporter ces changements vous aidera à vous interroger objectivement sur votre A critique. Autrement dit, éprouver une saine jalousie vous aidera à prendre du recul et à voir objectivement votre inférence critique en A, tandis qu'éprouver une jalousie maladive fera obstacle à cette objectivité. Lorsque vous en serez à évaluer si oui ou non votre relation avec votre partenaire était menacée par cet incident, pourquoi ne vous poseriez-vous pas les questions que j'ai soulevées à l'étape 12 ?

> *Ressentir une saine jalousie plutôt que de la jalousie maladive à propos de l'incident qu'il a choisi d'analyser aide Darren à rester objectif dans son inférence, celle de la perte de sa relation exclusive avec Kath parce qu'elle a ri et plaisanté avec cet autre homme à l'occasion de leur petite fête. En réfléchissant à cette question, mais cette fois d'une position plus neutre, Darren conclut (à l'aide de questions semblables à celles que j'ai énumérées aux pages 175 et 176) que, bien qu'il n'aime pas le comportement de Kath, celui-ci lui démontre que Kath est amicale avec cet homme et que cela ne prouve pas qu'elle soit intéressée à une relation avec lui en plus de celle qu'elle entretient avec Darren.*

Dans ce chapitre, j'ai énuméré les 13 étapes nécessaires pour que vous arriviez à maîtriser vos sentiments de jalousie maladive dans des situations particulières. Dans le prochain et dernier chapitre, je vous donnerai quelques conseils pour vous aider à réduire votre prédisposition à la jalousie maladive.

Vingt façons de réduire la prédisposition à la jalousie maladive

J'ai écrit ce chapitre spécialement pour ceux qui sont particulièrement prédisposés à la jalousie maladive et qui souhaitent réduire une telle prédisposition. Si vous avez un quelconque doute quant à votre prédisposition à la jalousie maladive, je vous suggère de relire les pages 81 à 91. Que pouvez-vous donc faire pour réduire une telle prédisposition ? Vous pouvez commencer par mettre en pratique les 20 suggestions suivantes.

Assumez la responsabilité de votre prédisposition à la jalousie maladive

Il est très important que vous assumiez la responsabilité de votre prédisposition à la jalousie maladive. Vous pouvez penser que votre partenaire vous rend maladivement jaloux par son comportement, mais ce n'est pas le cas, même si votre partenaire flirte ouvertement avec une autre personne. Bien que le comportement de votre partenaire contribue à votre jalousie, vous vous rendez maladivement jaloux, en grande partie, par vos croyances irrationnelles à l'égard de son comportement. À moins d'accepter ce fait, vous ne pourrez ni rechercher, ni reconsidérer, ni changer vos croyances irrationnelles : vous continuerez donc de blâmer votre partenaire pour vos propres sentiments et, dans ce cas, vous conserverez votre prédisposition à cette jalousie maladive. Au contraire, assumer la responsabilité de votre jalousie maladive vous fera franchir

une étape importante qui vous aidera à réduire votre
prédisposition à cette émotion destructrice.

Reconnaissez que vous avez un problème de jalousie maladive

Une fois que vous avez admis être responsable de votre jalousie maladive, l'étape suivante consiste à de reconnaître pleinement que cette forme de jalousie représente un problème
pour vous. Prenez une feuille de papier et inscrivez les avantages et les inconvénients, à court et à long terme, d'une telle
jalousie. Revoyez les occasions où vous avez éprouvé de la
jalousie maladive et rappelez-vous les conséquences reliées à
cette émotion. Avant de le faire, vous trouverez peut-être
utile de relire le chapitre 2. Si vous faites cet exercice cons-
ciencieusement, vous verrez probablement que les inconvénients d'une jalousie maladive sont beaucoup plus nombreux
que les avantages.

Une fois votre liste faite des avantages et des inconvénients
de la jalousie maladive, vous trouverez peut-être utile de vous
demander si, oui ou non, ces avantages sont vraiment bénéfi-
ques. Par exemple, si vous dites que la jalousie maladive est un
signe que vous tenez vraiment à votre partenaire, interrogez-
vous sur cet énoncé et démontrez que cette forme de jalousie est un signe de perturbation plutôt qu'un signe d'amour
envers votre partenaire. Continuez de vous interroger sur ce

que vous considérez comme des aspects positifs de votre jalousie maladive jusqu'à ce que vous reconnaissiez que la plupart de ces aspects sont vraiment des aspects négatifs.

Reconnaissez que la saine jalousie est une solution de rechange avantageuse à la jalousie maladive

Avant d'entreprendre cette étape, révisez le chapitre 3, qui est entièrement consacré à la nature d'une saine jalousie. Ensuite, lorsque vous aurez bien compris pourquoi cette forme de jalousie est saine, prenez une autre feuille de papier et inscrivez-y les avantages et les inconvénients d'une saine jalousie, là encore, à court et à long terme. Revoyez les incidents qui vous ont fait éprouver de la jalousie maladive, mais, cette fois, imaginez-vous ressentant une saine jalousie à la place. Concentrez-vous sur ce que seraient les conséquences de cette émotion.

L'étape suivante consiste à dresser une liste des avantages et des inconvénients d'une saine jalousie, de la même manière que vous l'avez fait avec la jalousie maladive. Une fois que vous aurez terminé cet exercice, vous serez en mesure de constater que les avantages d'une saine jalousie l'emportent facilement sur les inconvénients. En effet, cela vous aidera à vous demander si, oui ou non, les inconvénients d'une saine jalousie sont vraiment des inconvénients.

Promettez de ressentir une saine jalousie

Après avoir compris qu'une saine jalousie est une solution de rechange avantageuse à la jalousie maladive, engagez-vous à essayer de ressentir cette émotion lorsque vous ferez face, ou penserez faire face, à une menace pour votre relation. Vous trouverez peut-être utile de vous engager envers vous-même, par écrit, et de revoir chaque jour cet engagement. Vous aimerez peut-être aussi faire une promesse verbale devant un ami proche avec lequel vous pourrez discuter de vos progrès les semaines et les mois suivants.

Acceptez-vous d'avoir une prédisposition à la jalousie maladive

Une fois que vous aurez assumé en grande partie la respon-sabilité de l'apparition de vos sentiments de jalousie maladive, que vous aurez reconnu que vous y êtes prédisposé et que cela vous pose un problème, que vous aurez aisément pu voir qu'une saine jalousie est une solution avantageuse et que vous vous serez engagé à la ressentir, vous devrez vous accepter avec cette prédisposition si vous aviez l'habitude de vous rabaisser pour ce problème de jalousie. Il vous faudra pour cela prendre conscience que vous êtes une personne com-plexe et inestimable qui est constamment en proie à des changements et que vous possédez des aspects positifs, des aspects neutres et des aspects négatifs, dont un de ces derniers est votre prédisposition à la jalousie maladive, une prédisposition que vous pouvez réduire et, en grande partie, bien qu'imparfaitement, maîtriser.

Lorsque vous vous dévalorisez en raison de votre prédisposition à la jalousie maladive, vous évaluez tout ce que représente votre personne sur la base de cette prédisposition. Porter ce genre de jugement ne fait que vous distraire de votre but, qui est de surmonter votre problème de jalousie. Alors que, si vous vous acceptez avec votre problème, vous pouvez vous consacrer entièrement à celui-ci. Donc, si vous vous dévalorisez parce que vous êtes particulièrement prédisposé à la jalousie maladive, efforcez-vous de vous accepter avec ce problème avant de l'aborder directement. Vous pouvez utiliser les méthodes de reconsidération que j'ai soulignées aux pages 158 à 160 pour vous aider dans cet exercice.

Continuez de travailler sur vos épisodes de jalousie maladive

Au chapitre précédent, j'ai souligné les étapes que vous devez entreprendre lorsque vous travaillez sur vos épisodes particuliers de jalousie maladive. Notamment, j'ai montré comment déterminer ce qui vous rend le plus maladivement jaloux et comment évaluer, reconsidérer et changer les croyances irrationnelles causant votre jalousie maladive au cours d'un

événement particulier. Dès que vous constatez que vous êtes
maladivement jaloux, je vous recommande de suivre les étapes que j'ai énoncées au chapitre précédent. Au début, vous
devrez faire cet exercice par écrit, mais, avec beaucoup d'en-
traînement, vous serez en mesure de le faire sans papier ni
crayon. Vous serez aussi en mesure d'anticiper les situations
qui vous rendent maladivement jaloux et de leur faire face
efficacement avant qu'elles ne se produisent.

Je dois vous souligner que, pour être en mesure de maîtriser
votre jalousie maladive en déterminant, en reconsidérant ou
en changeant vos croyances irrationnelles, que ce soit avant
ou au moment de commencer à éprouver cette émotion
destructrice dans une situation particulière, vous devrez faire
bon nombre d'exercices écrits reliés à votre jalousie maladive
au cours d'événements particuliers. Cependant, si vous le
faites diligemment, vous développerez des techniques pour
maîtriser votre jalousie maladive dans des particulières et, ce
faisant, vous deviendrez moins prédisposé à cette jalousie.

Déterminez les motifs de votre jalousie maladive dans vos exemples particuliers

Une fois que vous aurez travaillé à plusieurs exemples particuliers de votre jalousie maladive, vous serez en mesure de
déterminer le ou les motifs se rapportant à ces exemples. Ces
motifs se produisent en A dans la structure de l'ABCDEFG.

En d'autres mots, ce sont les situations générales qui vous rendent jaloux. Il est important que vous compreniez que ces motifs entretiennent votre sentiment de jalousie maladive, mais ne les causent pas directement. Rappelez-vous que ce sont vos croyances irrationnelles à propos de ces motifs qui sont à la base même de votre prédisposition à la jalousie maladive, et non ces motifs eux-mêmes.

Lorsque vous aurez déterminé les motifs de vos exemples particuliers de jalousie maladive, je vous suggère d'en prendre note puisqu'ils seront utiles lorsque viendra le moment de déterminer vos croyances irrationnelles générales aidant à expliquer pourquoi vous êtes tant prédisposé à la jalousie maladive. Au chapitre 4, j'ai démontré que les motifs typiques de la jalousie maladive concernaient :

- la perte de votre relation avec votre partenaire ;
- la perte de l'exclusivité dans votre relation avec votre partenaire ;
- la perte de votre statut de personne la plus importante dans la vie de votre partenaire ;
- la démonstration d'un intérêt envers votre partenaire par une autre personne du même sexe que vous.

Vous trouverez peut-être pratique de garder ces motifs en mémoire lorsque vous vous efforcerez de déterminer le ou les principaux motifs propres à vos épisodes de jalousie maladive.

Déterminez, reconsidérez et changez vos croyances générales irrationnelles

Après avoir déterminé le ou les principaux motifs qui apparaissent en A dans la structure de l'ABCDEFG, vous serez prêt à déterminer, reconsidérer et changer vos croyances générales irrationnelles qui se trouvent à la base de votre prédisposition à la jalousie maladive. Voici quelques exemples communs de telles croyances irrationnelles générales.

1 Je ne dois pas perdre ma relation avec mon partenaire. Si cela se produisait, ce serait affreux et insupportable, et prouverait que je suis un moins que rien.

2 Je dois avoir une relation exclusive avec mon partenaire. Si je perdais cette exclusivité, ce serait terrible et ma vie serait intolérable. Cela prouverait également qu'on ne peut m'aimer.

3 Je dois toujours être la personne la plus importante dans la vie de mon partenaire, et ce serait terrible qu'il en soit autrement. Perdre ce statut serait insupportable et prouverait que je suis une personne moins estimable que celle qui me remplacerait auprès de mon partenaire.

4 Je dois être la seule personne du même sexe que moi dans la vie de mon partenaire, et cela signifie que les autres personnes du même sexe que moi ne doivent manifester aucun intérêt envers mon partenaire. S'il y en avait, cela représenterait la fin du monde pour moi, et je ne pourrais le supporter. Ces personnes seraient méchantes d'avoir enfreint ce que j'avais ordonné.

5 Je dois savoir en tout temps si ma relation avec mon partenaire est menacée. Ce serait terrible si je ne le savais pas, et de ne pas en être certain signifierait que ma relation est menacée.

Les énoncés précédents représentent des croyances irrationnelles générales qui ne sont pas liées à des événements déclencheurs particuliers du A dans la structure de l'ABC-DEFG. Elles se manifesteront cependant au cours de ces événements particuliers. Ainsi, lorsque vous adoptez la dernière croyance irrationnelle générale que j'ai mentionnée plus tôt et que vous faites face à un exemple particulier d'incertitude, vous avez alors une croyance irrationnelle particulière, comme celle-ci : «J'ai vu Jane parler à Harry au bar. Je dois savoir et être certain, sans le moindre doute, que leur conversation était innocente, et ce serait terrible de ne pas savoir cela. Ne pas le savoir signifierait que ce n'était pas innocent. »

Vous doutez de vos croyances irrationnelles générales de la même manière que vous avez appris à douter de vos croyances irrationnelles particulières. Ainsi, vous choisissez une de vos croyances irrationnelles générales, vous vous posez les questions suivantes et vous y répondez :

- Cette croyance est-elle réaliste ?
- Cette croyance est-elle logique ?
- Cette croyance m'aide-t-elle ?

À ce stade-ci, vous trouverez peut-être utile de revoir la matière que j'ai exposée aux pages 158 à 160, où je reconsidérais les croyances irrationnelles.

Vous devez ensuite trouver les croyances rationnelles pour remplacer ces croyances irrationnelles générales et, cela fait, vous devez les reconsidérer de la même manière que vous avez reconsidéré vos croyances irrationnelles générales. Il faut faire cet exercice jusqu'à ce que vous considériez vos croyances rationnelles générales comme étant absolument réelles, réalistes et utiles, et que vos croyances irrationnelles générales soient, au contraire, fausses, illogiques et inutiles. Les effets que vous en tirerez se situent en E dans la structure de l'ABCDEFG, et plus vos réponses à ces questions seront convaincantes, plus ces effets seront sains.

Je vous suggère ensuite d'utiliser la technique de l'attaque et de la réponse pour approfondir votre conviction à l'égard de cette croyance rationnelle générale (consultez les pages 164 à 171 pour vous rappeler comment utiliser cette technique). Cette technique est un exemple de facilitation du changement, qui se produit en F dans la structure de l'ABCDEFG.

Acceptez-vous lorsque votre relation est menacée

D'après mon expérience en tant que conseiller auprès de personnes prédisposées à la jalousie maladive, il est évident que de telles personnes, au fond d'elles-mêmes, se sousestiment. Une personne prédisposée à la jalousie maladive se perçoit généralement comme une personne indigne, qu'on ne peut aimer et ayant très peu à offrir à son partenaire. Une fois qu'elle a développé une relation avec une personne, elle se retrouve dans une situation «à double tranchant». D'une part, elle croit avoir besoin de cette relation pour se prouver qu'elle n'est pas indigne; d'autre part, parce qu'elle se croit indigne de cette relation, elle ne peut se convaincre que son partenaire restera avec elle devant l'opposition représentée par un potentiel rival. Plus une personne croit profondément ne pas être à la hauteur dans une telle compétition, plus elle percevra une autre personne comme une menace pour sa relation avec son partenaire et plus elle percevra cette troisième personne comme un rival.

Il s'ensuit que, lorsque vous êtes moins prédisposé à la jalousie maladive, il est très important d'adopter une attitude plus positive envers vous-même. À lui seul, ce sujet vaut qu'un livre lui soit consacré, et mon collègue, Paul Hauck, Ph.D., en a justement écrit un, qui s'intitule *Hold Your Head Up High* (Sheldon Press, 1991). Je vous recommande de lire ce livre et de mettre en pratique les méthodes originales de ce collègue. Je vais maintenant souligner brièvement quelques-uns des points que vous devez considérer si vous voulez adopter une attitude positive envers vous-même, mieux décrite par les termes « acceptation inconditionnelle de soi ».

1 Reconnaissez que votre «moi» est incroyablement complexe et qu'il comprend l'ensemble des pensées, émotions, comportements, images et sensations que vous avez éprouvés ou adoptés depuis votre naissance, et que vous éprouverez ou adopterez jusqu'à votre mort. Cela inclut tous les aspects de votre corps et toutes les caractéristiques de votre personnalité. En soi, votre «moi» est trop complexe pour être évalué en un tout, mais certaines parties peuvent l'être individuellement.

2 Plutôt que de vous juger vous-même, il est plus sain que vous vous acceptiez inconditionnellement.

3 Reconnaissez que vous possédez l'essence même d'un être humain, c'est-à-dire que vous êtes faillible et unique.

4 Prenez conscience qu'en tant que personne, vous n'êtes ni meilleur ni pire qu'un autre être humain bien que vous soyez différent à maints égards.

5 Comprenez que le fait de vous accepter tel que vous êtes signifie que vous pensez rationnellement et évitez de faire des erreurs trop généralisées.

6 L'acceptation inconditionnelle de soi repose sur une philosophie de préférence souple et totale. Efforcez-vous donc d'avoir une ligne de pensée souple, et évitez de vous faire des demandes fermes à vous-même et d'en faire aux autres.

7 Remarquez que, lorsque vous vous acceptez vous-même, vos émotions sont saines et votre comportement est positif. L'acceptation de soi ne favorise donc pas l'indifférence et la résignation.

8 Si vous tenez à vous juger, faites-le selon des conditions qui ne changent pas. Par exemple, pensez donc de vous-même que vous êtes une personne estimable parce que vous êtes un être humain, vivant et unique, et non pas, disons, parce que votre partenaire vous aime.

9 Vous pouvez apprendre l'acceptation inconditionnelle de vous-même, mais vous ne pouvez vous accepter inconditionnellement de façon parfaite, ni tout le temps.

10 Acquérir une philosophie d'acceptation inconditionnelle de soi est difficile et requiert un travail constant et rigoureux.

Développez une attitude positive envers vos relations

Une personne prédisposée à la jalousie maladive adopte généralement une attitude négative envers ses relations. Comme je le mentionnais plus tôt, une personne peut voir sa relation avec son partenaire comme essentielle pour être en mesure de se considérer comme une personne digne que l'on peut aimer. Une autre personne peut voir son partenaire comme sa propriété et croire que le but de la vie de ce partenaire est de répondre à tous ses besoins. Comme vous devez vous en douter, ces deux façons de voir les choses n'entraîneront probablement pas des relations stables et satisfaisantes. Dans le premier cas, après un certain temps, le partenaire trouvera probablement épuisant et pénible de devoir faire en sorte que la personne ne se sente bien dans sa peau, tandis que, dans le deuxième cas, il en aura bientôt assez de la possessivité, de la personne.

Que vous tentiez d'utiliser votre relation avec votre partenaire comme un régulateur pour votre estime personnelle ou que vous agissiez comme si votre partenaire était votre possession, vos comportements pour en arriver à vos fins serviront plus à inciter votre partenaire à vous quitter que le contraire. Cela est reconnu comme l'effet œdipien de la prédiction.

Voici comment l'effet œdipien de la prédiction fonctionne avec la jalousie maladive. Premièrement, vous commencez à douter de l'amour de votre partenaire et vous croyez qu'il va éventuellement vous quitter. Deuxièmement, votre comportement est influencé par cette jalousie maladive et votre insécurité. Troisièmement, votre comportement a un effet négatif sur votre partenaire, et, éventuellement, il vous quitte pour quelqu'un d'autre. Quatrièmement, vous en concluez que, pendant tout ce temps, vous aviez raison : « Mon prochain partenaire va me quitter pour quelqu'un d'autre », conclusion ou règle que vous retenez pour votre future relation, et cette séquence se répétera indéfiniment.

Dans ma description de l'effet œdipien de la prédiction avec la jalousie maladive, vous remarquerez que, nulle part, vous n'avez reconnu que vous assumez la responsabilité d'avoir aidé à mettre fin à votre relation avec votre partenaire. Vous vous dépeignez plutôt comme une victime. Le seul moyen de briser le cercle vicieux de l'effet œdipien de la prédiction de la jalousie maladive est que vous preniez la responsabilité de votre comportement, que vous reconnaissiez ses effets sur votre série de partenaires et que vous déterminiez, reconsidériez et changiez les croyances irrationnelles générales et particulières causant votre comportement.

Développez une attitude positive envers l'incertitude et le fait de ne pas savoir

Lorsque vous êtes prédisposé à la jalousie maladive, il est très probable que vous avez une attitude négative envers l'incertitude, le fait de ne pas savoir si votre partenaire s'intéresse ou non à une autre personne. En plus, vous adoptez probablement une attitude négative envers le fait que vous ne savez pas ce que fait votre partenaire et avec qui il le fait. Parce que vous croyez que vous devez être certain que votre partenaire ne s'intéresse à personne d'autre et que vous pensez qu'il serait terrible de faire face à une telle incertitude, vous avez tendance à penser que, si vous êtes incertain à propos de cette question, cela signifie que votre partenaire est vraiment intéressé à une autre personne. Si vous ne pouvez vous convaincre qu'il n'est pas intéressé à un rival, vous devrez alors choisir entre vivre avec l'incertitude ou conclure qu'il est intéressé à une troisième personne. Votre attitude négative envers l'incertitude et vos autres croyances irrationnelles causant cette jalousie maladive vous entraîneront à choisir la deuxième possibilité.

Dans le même ordre d'idées, si vous savez avec qui est votre partenaire et ce qu'il fait, votre intolérance à l'incertitude et vos autres croyances irrationnelles liées à la jalousie maladive vous rendront soupçonneux envers votre partenaire et vous feront penser que ce qu'il fait représente une menace pour votre relation.

Si vous voulez réduire votre prédisposition à la jalousie maladive, il est très important que vous acquériez une attitude positive envers l'incertitude et le fait de ne pas savoir. Cela implique de reconsidérer vos croyances exigeantes à propos de l'incertitude et de reconnaître que, bien que vous préfériez être certain de l'absence de menace pour votre relation avec votre partenaire, par exemple, vous n'avez pas besoin d'une telle certitude. Prenez conscience que, bien que l'incertitude et le fait de ne pas savoir soient difficiles à supporter, ils sont assurément tolérables.

Il est aussi important que vous reconnaissiez que, lorsque vous exigez la certitude, une incertitude vous entraînera à surestimer la menace pour votre relation. Mais si vous abandonnez cette exigence et conservez votre saine préférence pour la certitude, alors vous ne ferez pas correspondre l'incertitude à la menace. Ainsi, il est vraiment important que vous reconnaissiez que, lorsque vous exigez la certitude et le savoir, et que vous agissez en fontion de telles exigences, vous ne faites que perpétuer et intensifier votre prédisposition à la jalousie maladive. Par contre, lorsque vous reconsidérez et changez ces exigences, mais conservez votre préférence pour le savoir et la certitude, vous êtes plus souple lorsque vous tentez d'obtenir plus de certitude et un meilleur savoir, et vous savez quand ne rien faire. De plus, vous êtes plus enclin à laisser le bénéfice du doute à votre partenaire et vous commencez à avoir confiance en lui.

Développez une attitude positive à l'égard du le fait que vous n'avez pas le contrôle et que vous n'avez pas ce que vous voulez

Un des problèmes de la personne prédisposée à la jalousie maladive est une attitude dogmatique de contrôle dans sa relation. Cela se manifeste souvent sous la forme d'une exigence pour avoir le contrôle dans sa relation. Si vous avez adopté une telle croyance, il est très probable que vous insistez pour que votre partenaire fasse ce que vous voulez quand vous le voulez, et cela s'intensifie lorsque votre partenaire, tout naturellement, demande du temps pour voir ses amis, pour un passe-temps ou simplement pour être seul. Si vous avez un besoin rigoureux d'avoir le contrôle, vous vous sentez alors très menacé par ces désirs humains parfaitement sains et naturels. En effet, parce que vous êtes intolérant à ses désirs, vous avez tendance à les percevoir comme une preuve qu'il en a assez de vous, qu'il ne vous aime plus et qu'il utilise ces moments loin de vous pour rencontrer une autre personne. Voilà pourquoi le besoin extrême d'avoir le contrôle et le fait d'insister pour que votre partenaire se conforme à vos demandes sont nécessaires à cette forme possessive de jalousie maladive.

Si vous désirez réduire votre prédisposition à la jalousie maladive, il vous faut acquérir une philosophie positive par rapport au contrôle dans votre relation avec votre partenaire et par rapport au fait d'obtenir ce que vous vous voulez de lui. Il est aussi important de reconnaître que, bien qu'il y ait des avantages à avoir le contrôle dans une relation, cela n'a pas à en être la caractéristique principale. En effet, plus vous permettez d'autonomie à votre partenaire, plus votre relation avec lui est saine. Vous devez aussi comprendre qu'obtenir ce que vous voulez est très bien, mais lorsque vous transformez ce désir en impératif ferme, vous privez votre partenaire d'une part de ce qu'il veut dans la vie. En conséquence, il deviendra insatisfait et aura tendance à s'éloigner de vous, chose que vous ne voulez certainement pas voir se produire. Alors, établissez un équilibre entre obtenir ce que vous voulez et encourager – oui, encourager – votre partenaire à obtenir ce qu'il veut de la vie. Si vous y parvenez, vous diminuerez votre prédisposition à la jalousie maladive et vous aurez, par le fait même, une meilleure relation avec votre partenaire.

Acceptez votre partenaire lorsqu'il agit d'une manière que vous désapprouvez

Comme je le mentionnais au chapitre 2, une colère malsaine envers votre partenaire est la principale caractéristique de la jalousie maladive, que ce soit lorsque vous éprouvez cette émotion dans une situation particulière ou lorsque vous y êtes fortement prédisposé. Si la colère malsaine envers votre partenaire est une caractéristique de votre prédisposition à la jalousie maladive, il est important de l'examiner pour diminuer cette prédisposition.

Cela implique l'acquisition d'une attitude d'acceptation lorsque votre partenaire agit d'une manière que vous n'aimez pas et qui va à l'encontre de vos préférences. Dans ce contexte, accepter ne signifie pas vous résigner ni excuser des actions que vous désapprouvez. Cela signifie reconnaître que votre partenaire est un être humain faillible qui agit bien et mal, et qui ne peut être défini par ses actions. Donc, même si vous trouvez sensé de juger négativement ce que fait votre partenaire lorsque cela va à l'encontre de vos préférences, cela n'a aucun sens de juger négativement toute sa personne.

Accepter votre partenaire signifie aussi vous assurer de ne pas transformer vos préférences saines et souples à l'égard de son comportement en exigences fermes. Si vous obtenez et maintenez une telle attitude d'acceptation envers votre partenaire, vous continuerez d'éprouver de la colère lorsqu'il agira à l'encontre de vos souhaits, mais cette colère sera saine et elle engendrera un dialogue constructif entre vous deux. Cette attitude est aussi très liée à la saine jalousie, qui, comme nous l'avons vu au chapitre 3, est une saine solution de rechange à la jalousie maladive. Si la colère malsaine est une caractéristique importante de votre jalousie maladive, vous aimerez peut-être consulter mon livre sur ce sujet, intitulé *Overcoming Anger: When Anger Helps and When it Hurts* (Sheldon Press, 1996).

Comprenez que vos croyances irrationnelles générales vous amène à surestimer les menaces pour votre relation avec votre partenaire

On me demande souvent pourquoi une personne particulièrement prédisposée à la jalousie maladive perçoit une situation comme une menace pour sa relation, alors qu'une autre personne faisant face à la même situation ne la voit pas comme une menace. Par exemple, deux personnes voient leur partenaire respectif rire et plaisanter avec une troisième personne au cours d'une petite fête. Pourquoi la première pense-t-elle que son partenaire veut une relation avec cette troisième personne, alors que la seconde est heureuse que son partenaire ait du plaisir sans elle ? À mon avis, la réponse repose sur les différences entre les croyances d'une personne prédisposée à la jalousie maladive et celles d'une personne qui ne l'est pas. Cela signifie que, lorsque vous êtes particulièrement prédisposé à la jalousie maladive, vous appliquez votre série de croyances irrationnelles générales à des événements et que ces croyances influencent les conclusions que vous tirez de ces événements. Ainsi, lorsque vous adoptez les croyances irrationnelles générales suivantes : « Mon partenaire ne doit démontrer d'intérêt envers aucune autre personne, et ce serait terrible qu'il le fasse » et que vous voyez votre partenaire parlant à une personne intéressante dans une soirée, votre croyance irrationnelle générale vous amène à surestimer cette menace pour votre relation, menace représentée par cette troisième personne.

Si votre partenaire fait quelque chose que vous croyez qu'il ne devrait pas faire, votre croyance ferme extrême vous fait probablement plus penser qu'il a envie de cette personne que si vous aviez adopté une croyance rationnelle générale comme : « J'aimerais mieux que mon partenaire ne manifeste aucun intérêt envers une autre personne, mais il n'existe aucune raison qu'il en soit ainsi. S'il en manifestait, ce serait désagréable, mais pas terrible. »

Si vous pouvez voir l'influence que vos croyances irrationnelles générales en B ont sur vos inférences en A, vous êtes plus enclin à rechercher et à reconsidérer ces croyances que si vous ne voyez pas cette influence. Lorsque vous ne possédez pas cette perspicacité, vous êtes préoccupé par les événements en A, tandis que, lorsque vous la possédez, vous allez à la source de votre jalousie maladive – dans ce cas, vos croyances irrationnelles – et vous y travaillez. Ce faisant, vous réduisez votre prédisposition à la jalousie maladive.

> **Déterminez les tendances à agir et à penser liées à votre jalousie maladive, et dressez une liste des tendances de rechange en vous basant sur vos croyances rationnelles générales liées à une saine jalousie. Limitez les premières et mettez les dernières en pratique**

Au chapitre 2, je vous ai démontré qu'une fois que vous vous êtes rendu maladivement jaloux à cause de vos croyances irrationnelles à propos d'une menace réelle ou supposée pour votre relation, vous avez tendance à agir et à penser d'une manière correspondant à votre jalousie maladive. Une fois que vous avez développé et fortifié vos croyances rationnelles de rechange, il est très important de ne pas renforcer involontairement vos croyances irrationnelles en agissant d'une manière qui est compatible avec elles. Lorsque vous le faites, vous minez tout le beau travail que vous avez accompli en reconsidérant et en changeant vos croyances irrationnelles, générales et particulières. Que devez-vous faire plutôt? Mon conseil est de suivre les suggestions suivantes.

1 Prenez note de la façon dont vous avez agi, ou avez voulu agir, lorsque vous avez éprouvé de la jalousie maladive.

2 Faites une liste des comportements constructifs de rechange que vous pouvez adopter en contrepartie.

3 Prenez en note la façon dont vous avez réfléchi lorsque vous avez éprouvé de la jalousie maladive.

4 Faites une liste des pensées de rechange que vous pouvez adopter en contrepartie.

5 Après avoir déterminé, reconsidéré et changé vos croyances irrationnelles générales et avoir commencé à mettre en pratique une pensée s'accordant avec vos nouvelles croyances générales rationnelles, résistez farouchement à la tentation d'agir et de penser en fonction de vos croyances irrationnelles. Ce sera difficile, parce que vous êtes habitué à agir et à penser d'une manière correspondant à vos sentiments de jalousie maladive. Cependant, si vous vous démontrez que cela vaut la peine d'insister pour chasser ces manières d'agir et de penser, et que vous pouvez tolérer ce malaise, vous vous aiderez à passer à l'étape suivante.

6 Décidez d'agir et de penser de manière compatible avec le développement de vos croyances rationnelles et de vos nouveaux sentiments de saine jalousie déterminés aux points 2 et 4 ci-dessus. Acceptez le fait que vous êtes mal à l'aise en faisant cela parce que vous n'êtes pas habitué à agir et à penser de cette manière constructive. Encore une fois, tolérez le malaise et démontrez-vous que cela en vaut la peine. Plus vous agirez et penserez de cette manière constructive, plus vous vous y habituerez.

7 Reconnaissez que, parce que vos vieilles manières d'agir et de penser liées à votre prédisposition à la jalousie maladive sont plus habituelles que leurs solutions constructives, vous pouvez faire une rechute. Ne vous inquiétez pas de cela, parce que c'est à prévoir. Si cela se produit, voyez cette rechute comme un signe réaffirmant vos croyances rationnelles générales et vous rappelant vos nouvelles manières d'agir et de penser compatibles avec vos croyances rationnelles.

Rendre vos pensées et votre comportement cohérents avec vos croyances rationnelles générales est probablement le meilleur moyen de faciliter le changement (F dans la structure de l'ABCDEFG).

> ## Déterminez les menaces devant lesquelles vous êtes particulièrement fragile, et pensez-y d'une manière objective

Pendant que vous travaillez à réduire votre prédisposition à la jalousie maladive, il est important que vous vous rendiez compte des menaces devant lesquelles vous êtes particulièrement fragile. Au chapitre 4, j'ai montré qu'il existe quatre principales menaces pour votre relation devant lesquelles vous êtes susceptible d'éprouver de la jalousie maladive. Ce sont :

- la perte de votre relation avec votre partenaire ;

- la perte de l'exclusivité dans votre relation avec votre partenaire ;

- la perte de votre place comme personne la plus importante dans la vie de votre partenaire ;

- la démonstration d'un intérêt envers votre partenaire par une autre personne du même sexe que vous.

Plus tôt dans ce chapitre, j'ai fait valoir l'importance d'utiliser ces motifs pour déterminer vos croyances irrationnelles générales. Maintenant, je vous suggère de prendre du recul et de penser objectivement à ces motifs. Ainsi, vous pouvez vous poser des questions telles que les suivantes :

1 Quelle est la probabilité que je perde ma place en tant que personne la plus importante dans la vie de mon partenaire ?

2 Douze observateurs objectifs ayant accès à une juste information penseraient-ils que je suis sur le point de perdre ma place en tant que personne la plus importante dans la vie de mon partenaire ?

3 Si un très bon ami se trouve dans la même situation que moi et qu'il est en mesure de penser objectivement à cette situation, pense-t-il être sur le point de perdre sa place en tant que personne la plus importante dans la vie de son partenaire ?

Si, en répondant à ces questions, vous ne pensez pas que la menace soit réelle, il devient alors important que vous trouviez une inférence plus exacte. Cependant, si vous pensez toujours que vous faites face à cette menace, il est alors important d'y penser rationnellement et de prendre les mesures afin de discuter de vos soupçons avec votre partenaire ou de faire face à la situation de manière constructive.

Modifiez les règles concernant votre jalousie maladive

Au chapitre 2, j'ai démontré que, lorsque vous êtes maladivement jaloux, vous avez une ou plusieurs règles vous prédisposant à la jalousie maladive. Si vous êtes moins prédisposé à la jalousie maladive, il est important d'être conscient de ces règles pour les modifier. Le meilleur moment pour y arriver est lorsque vous faites de bons progrès dans l'abandon de vos croyances irrationnelles générales et que vous renforcez vos croyances rationnelles générales. Si vous modifiez une règle, demandez-vous si cette dernière est cohérente avec les preuves tangibles que vous possédez (c'est-à-dire si elle est exacte), et, si elle se révèle fausse, décidez quelle règle est plus compatible avec vos preuves et avec la réalité. En faisant cet exercice, soyez le plus objectif possible, et donnez toutes les raisons favorables et défavorables de ces deux règles. Si vous procédez à cet exercice lorsque vous adoptez des croyances rationnelles générales et êtes dans un état d'esprit objectif, vous remarquerez probablement que votre règle réaliste se plie mieux à vos preuves que votre règle de la jalousie maladive.

Voici un certain nombre de règles prédisposant une personne à la jalousie maladive et les options plus réalistes correspondantes :

Règle de jalousie maladive : Mon partenaire n'est pas digne de confiance en présence d'une personne du même sexe que moi.

Règle réaliste : Je peux fondamentalement avoir confiance en mon partenaire en présence d'une personne du même sexe que moi, à moins que j'aie une preuve tangible du contraire.

Règle de jalousie maladive : Mon partenaire ne me considère plus comme une personne attirante, facile à aimer ou intéressante, et il trouvera sûrement une autre personne plus attirante, facile à aimer ou intéressante que moi.

Règle réaliste : Mon partenaire considère que je suis une personne attirante, facile à aimer ou intéressante, et, même s'il trouve une autre personne attirante et intéressante, je reste persuadé qu'il me considérera toujours comme une personne plus attirante et plus intéressante, à moins que j'aie une preuve tangible du contraire.

Règle de jalousie maladive : Mon partenaire me rejettera, me trahira ou me ridiculisera sûrement.

Règle réaliste : Je suis perduadé que mon partenaire ne me rejettera pas, ni ne me trahira, ni ne me ridiculisera, à moins que j'aie une preuve tangible que cela risque fortement de se produire.

Règle de jalousie maladive : J'ai beaucoup moins à offrir à mon partenaire que cette autre personne.

Règle réaliste : J'ai autant, et probablement plus, à offrir à mon partenaire que cette autre personne.

Règle de jalousie maladive : Toutes les personnes du même sexe que moi ont des comportements de prédateurs, et elles essaieront de me voler mon partenaire.

Règle réaliste : Quelques personnes (mais pas nécessairement toutes) ont des comportements de prédateurs, et quelques-unes pourraient essayer de me voler mon partenaire.

Finalement, il est important de mettre vos règles réalistes en pratique aussi souvent que vous le pouvez jusqu'à ce qu'elles vous deviennent familières.

Adoptez un point de vue objectif par rapport à vos partenaires (du passé et du présent)

Lorsque vous êtes maladivement jaloux, il est très probable que vous avez une mauvaise opinion de vos partenaires, ceux du passé et celui du présent. Votre jalousie vous entraîne à penser que vos partenaires sont des personnes attirées par une personne du même sexe que vous et qu'elles sauteraient sur toutes les occasions pour s'investir romantiquement ou sexuellement avec cette autre personne. Une fois que vous avez progressé dans la maîtrise de vos croyances irration-nelles générales et que vous avez renforcé votre conviction en vos croyances rationnelles générales de rechange, vous êtes prêt à adopter un point de vue objectif en ce qui a trait à vos partenaires du passé et du présent.

Une fois que vous avez bien compris la nature de la menace qui pèse, selon vous, sur votre relation actuelle et les menaces qui ont pesé sur vos relations passées, il est important de considérer prudemment et objectivement l'exactitude de vos points de vue par rapport à ces menaces.

Posez-vous la question suivante : « Avec ce que je sais de mes partenaires, quelle preuve ai-je qu'ils étaient le genre de per-sonnes à vouloir prendre la clé des champs avec la première personne attirante qu'ils auraient rencontrée ? »

Notez de telles évidences, et demandez-vous quelle serait la validité de telles évidences devant un tribunal. En droit, une évidence se doit d'être indépendamment corroborée. Vos partenaires ne peuvent être reconnus coupables simplement parce que vous pensez qu'ils l'étaient. Que penserait un jury de 12 personnes des preuves que vous avez accumulées contre vos partenaires ? Vos partenaires seraient-ils condamnés sur la base de cette évidence ou est-ce que ce jury conclurait que votre évidence est faussée par vos croyances irrationnelles générales et par la jalousie maladive que ces croyances ont entraînée ?

Après avoir fait une évaluation objective de vos partenaires (dans la plupart des cas, mais pas tous, vous conclurez que vos opinions de vos partenaires étaient formées par votre jalousie maladive et qu'elles ne reflétaient pas réellement ce qu'ils étaient), laissez-leur le bénéfice du doute. Par exemple, admettez que vos partenaires n'étaient probablement pas intéressés par chaque personne du même sexe que vous qu'ils rencontraient, et, même s'ils en ont trouvé quelques-unes attirantes, cela ne signifie pas qu'ils vous les auraient préférées. Désirez-vous avoir une relation avec chaque personne du sexe opposé que vous trouvez attirante ? C'est très peu probable. Cependant, si c'est le cas, vous projetez peut-être vos pensées d'infidélité sur vos partenaires. Ce n'est pas parce que vous voulez être infidèle que vos partenaires ont eu le même désir. Acceptez donc le fait que vous ne pouvez être certain de ce que vos partenaires ont ressenti envers les personnes du même sexe que vous ; présumez qu'ils étaient innocents jusqu'à preuve du contraire plutôt que l'inverse, ce qui est en fait l'opinion que vous avez eue de vos partenaires passés et que vous risquez de conserver avec votre partenaire actuel et avec vos futurs partenaires, à moins que vous en décidiez autrement. La pire chose qui peut se produire est que vous soyez persuadé que vos partenaires sont fidèles et qu'ils vous prouvent le contraire. Si cela se produit, convainquez-vous que les circonstances sont fâcheuses, mais que ce n'est pas la fin du monde.

En quelques mots, mon avis est le suivant : admettez que les personnes avec qui vous avez eu des relations, en avez actuellement et pourrez en avoir sont dignes de votre confiance, et traitez-les en conséquence. Faites cela et vous réduirez votre prédisposition à la jalousie maladive. Puis-je vous garantir que ce sera toujours vrai ? Non, bien sûr que non. Mais, la plupart du temps, vous aurez raison de le faire. Que pouvez-vous demander de plus ?

Admettez que vous pouvez avoir une bonne relation avec plusieurs personnes

Pour plusieurs personnes, à la base de la prédisposition à la jalousie maladive se trouve l'idée qu'elles ne peuvent avoir une bonne relation qu'avec un petit nombre de personnes. Si c'est ce que vous pensez, cela augmente la possibilité que vous croyiez à la nécessité de la réussite de votre relation actuelle avec votre partenaire. En revanche, votre croyance irrationnelle vous rend anxieux et augmente votre tendance à voir des menaces pour votre relation.

Une manière de vous attaquer à cette idée est de vous persuader que, selon toute vraisemblance, il existe plusieurs personnes au monde avec qui il vous est possible d'avoir une bonne relation. Comprendre cela vous aidera à constater qu'il est souhaitable, mais pas essentiel, que votre relation avec votre partenaire fonctionne. Cette croyance rationnelle vous rassurera et vous encouragera à faire des évaluations réalistes des menaces pour votre relation actuelle. En faisant cela, vous réduirez votre prédisposition à la jalousie maladive.

Apprenez à connaître le principe de la familiarité et efforcez-vous d'y résister

Le dernier conseil que je veux vous donner pour vous aider à réduire votre jalousie maladive concerne l'apprentissage du principe de la familiarité du comportement humain relatif à la jalousie maladive.

Ce principe de familiarité décrit la tendance qu'ont les humains à penser, à ressentir et à agir de manière familière, et à rechercher des situations et des relations également familières. Ainsi, lorsque vous êtes prédisposé à la jalousie maladive, vous trouvez familiers et faciles d'accès les sentiments, les pensées et les comportements concernant votre problème de jalousie même s'ils sont destructeurs pour votre bien-être et votre relation. Ainsi, pour réduire votre prédisposition à la jalousie maladive, vous devez tolérer le malaise de penser, de ressentir et d'agir de manière peu familière.

De plus, vous êtes peut-être perplexe à propos de quelques-unes de vos actions qui semblent saboter vos tentatives pour réduire votre prédisposition à la jalousie maladive.

Par exemple, Jim, un de mes clients, fait de gros progrès pour réduire sa prédisposition à la jalousie maladive, et, un jour, il reste stupéfait lorsqu'il présente lui-même sa femme à Graham, le Roméo du bureau, pendant de la fête de Noël. En effet, il la présente au moment même où il doit subitement les laisser seuls et le gui commence à être installé autour d'eux. À son retour, lorsqu'il voit Graham embrasser sa femme, il ressent inévitablement de la jalousie maladive. Ce que Jim vient incons- ciemment de faire est de monter un scénario dans lequel, c'est à prévoir, il ressentira le sentiment douloureux mais familier de la jalousie maladive. Une fois que j'ai expliqué le principe de familiarité à Jim, il voit, en un rien de temps, ce qu'il a fait et admet être troublé par ces nouvelles croyances rationnelles générales. Dans ses propres mots, il dit qu'il ne se sentait pas lui-même avec ces nouvelles croyances et que, bien que voir sa femme embrasser Graham lui fût douloureux, au moins, il se sentait redevenu lui-même : ce qui lui était familier.

Malgré un travail acharné pour réduire votre prédisposition à la jalousie maladive en utilisant les méthodes exposées dans ce livre, prenez en considération que, pendant un bon moment, vous ne serez pas à l'aise de penser, de ressentir et d'agir d'une manière saine. S'il vous plaît, acceptez le malaise qui est presque toujours associé au changement personnel et, si vous constatez que vous mettez en place des situations qui vous feront probablement éprouver votre sentiment familier de jalousie maladive, prenez conscience que vous agissez selon le principe de la familiarité. Comprendre et apprendre à partir de ce que vous faites et renouveler votre résolution de tolé- rer l'aspect étrange du changement personnel vous aideront à surmonter le principe de la familiarité jusqu'à ce que vous soyez habitué au sentiment de saine jalousie. Ce faisant, vous réduirez votre prédisposition à la jalousie maladive.

Ce livre tire maintenant à sa fin. J'espère que vous lui avez trouvé une certaine utilité et, comme je le fais toujours, je vous invite à me faire parvenir vos réactions à l'attention de la Sheldon Press. Merci de votre attention et de votre intérêt.

La jalousie peut être dévastatrice, et une atmosphère de doutes peut détruire une relation et miner votre confiance en vous-même. L'approche pratique et originale de Windy Dryden vous aidera à comprendre vos sentiments et à faire la distinction entre vos réactions rationnelles et vos réactions irrationnelles au comportement des personnes que vous chérissez. Ses conseils vous aideront à faire face à certaines situations, à augmenter votre confiance en vous-même et à éviter l'anxiété. Ce volume vous permettra d'examiner en détail vos hantises afin de déterminer si elles sont rationnelles ou non et, possiblement, de développer une relation de confiance avec votre partenaire.

Dans la même collection :

GUIDE DE SURVIE

Maîtriser votre anxiété
19.95 $. 224 pages.
ISBN 978-2-89000-720-8

Apprendre à faire confiance
19.95 $. 248 pages.
ISBN 978-2-89000-721-5

Maîtriser votre colère
19.95 $. 248 pages.
ISBN 978-2-89000-718-5

Maintenir un esprit saint
19.95 $. 248 pages.
ISBN 978-2-89000-717-8

Maîtriser vos phobies et vos peurs
19.95 $. 248 pages.
ISBN 978-2-89000-716-1

Maîtriser votre hypersensibilité
19.95 $. 224 pages.
ISBN 978-2-89000-719-2

Maîtriser votre stress
19.95 $. 264 pages.
ISBN 978-2-89000-715-4

Maîtriser vos dépendances
19.95 $. 224 pages.
ISBN 978-2-89000-821-2

Être bien dans sa peau
19.95 $. 224 pages.
ISBN 978-2-89000-851-9

Maîtriser vos pertes de mémoire
19.95 $. 224 pages.
ISBN 978-2-89000-822-9